Philosophie und Psychotherapie als Lösung
für innerfamiliäre Traumata

Ronald Kern

Philosophie und Psychotherapie als Lösung für innerfamiliäre Traumata

Bibliografische Information der Deutschen Nationalbibliothek
Die Deutsche Nationalbibliothek verzeichnet diese Publikation
in der Deutschen Nationalbibliografie; detaillierte bibliografische
Daten sind im Internet über http://dnb.d-nb.de abrufbar.

© 2016 Ronald Kern
Umschlagdesign, Satz, Herstellung und Verlag:
BoD – Books on Demand
ISBN 978-3-7392-6056-3

Vorwort

Mit meinem Buch »Philosophie und Psychotherapie als Lösung für innerfamiliäre Traumata« möchte ich in Problemfälle der Psyche Licht bringen. Es enthält drei wissenschaftliche Essays, die vor einigen Jahren an der Universität Graz und an der Universität Wien entstanden sind und nun in überarbeiteter Form vorliegen. Die Essays sind durch meine eigene schizophrene Erkrankung gefärbt und im Rahmen spezieller Lehrveranstaltungen verfasst worden.

Ich habe im Jahr 2008 mein eigenes Patienten-Tagebuch veröffentlicht und bin noch immer sehr glücklich, diesen Schritt getan zu haben, um anderen mein Trauma zu offenbaren.

Um meinen akademischen Lebenslauf kurz darzustellen, nenne ich alle Universitäten, die ich bisher besucht habe:

Universität Wien
Wirtschaftsuniversität Wien
Universität für Sprache und Kultur Peking
Medizinische Universität Graz
Universität Graz

Bedanken möchte ich mich für mein Weiterkommen in dieser Materie bei Privatpersonen (Familie und Betroffene), die mich auf meinem Weg uneingeschränkt unterstützt haben.

Mein Dank gilt:

Meiner Großmutter Rosa Maria Kern
Meinem Großvater Josef Kern

Meinem Vater Josef Heinz Kern
Meiner Tante Irene Amtmann
Meinem Cousin Patrick Amtmann
Meiner Großmutter Irma Erika Koch
Meinem Großvater Alfred Koch
Meiner Mutter Helga Irma Kern
Meiner Schwester Vanessa Sandra Kern
Meiner Tante Anna Koch-Handschuh
Meinem Onkel Alfred Koch-Handschuh
Unserem Hund Akiro
Unserem Hund Luna
Unserem Kater Moritz

Sowie
Meinem besten Freund Andreas Streif
Meiner besten Freundin Anita Eppensteiner
Meiner besten Freundin Verena Fischer
Meinem besten Freund Wolfgang Simacek
Meiner besten Freundin Edith Prähauser
Meinem besten Freund Daniel Gallner
Meinem besten Freund Dominik Peintinger
Meiner besten Freundin Katie Wei Lin Tam
Meinem besten Freund Ryan Mohr
Meiner besten Freundin Malka Older
Meiner besten Freundin Julia Steinbauer
Meinem besten Freund Aurélien Jemma
Meinem besten Freund Imre Vasvary
Meiner besten Freundin Ina-Alice Kopp
Meiner besten Freundin Nicole Lintschinger
Meiner besten Freundin Katharina Schober
Meinem besten Freund Marlon Fink
Meinem besten Freund Christian Huber
Meinem besten Freund Thomas Rechling

Meinem besten Freund Bo Chen
Meinem besten Freund Ouyang Tao
Meinem besten Freund Hannes Ploder
Meinem besten Freund Stefan Berger
Meinem besten Freund Wolfgang Tertinek
Meinem besten Freund Romain Jemma
Meinem besten Freund Andreas Ludwig
Meinem besten Freund Uwe Büchner
Meinem besten Freund Earl Mohr
Meiner besten Freundin Kim Mohr
Meiner besten Freundin Martine Jemma
Meinem besten Freund Marcel Jemma
Meinem besten Freund Markus Schwab
Meinem besten Freund Martin Appel
Meinem besten Freund Gerhard Rucker
Meinem besten Freund Martin Cvetko
Meiner besten Freundin Ute Gambutz
Meiner besten Freundin Tanja Potisk
Meiner besten Freundin Wu Yunxia

Sowie
Meiner Freundin, der »Liebe meines Lebens«, Wendy Wei EE Tam
Meiner Freundin, der »Liebe meines Lebens«, Anna Schröttner
Meiner Freundin, der »Liebe meines Lebens«, Claudia Kuhle
Meiner Freundin, der »Liebe meines Lebens«, Lisa Koller

Sowie meinen Freunden
Gerhard Zichner
Walter Meinhart
Michael Streif

Bitte lesen Sie dieses Buch sorgfältig. Vielleicht interessieren Sie sich auch für mein »Tagebuch Medium« aus dem Jahr 2008!

Ich wünsche Ihnen viel Spaß beim Lesen dieser Essays. Und denken Sie immer daran, es ist immer jemand für Sie da, wenn es Ihnen schlecht geht. Die österreichische Psychiatrie hat sehr fähige und hilfsbereite Ärzte. Arbeiten Sie sich in Ihr Problem ein, für alle Krankheiten gibt es Hilfe.

Vielen Dank für Ihre Zeit.

Ich wünsche Ihnen eine unterhaltsame Lektüre.
Und denken Sie vorerst mal an sich und daran, was Sie in Ihrem Leben gerne gemacht hätten.

Ich wünsche Ihnen alles Liebe!
Ronald Kern, Bakk. phil.   Graz, 10. September 2015

Inhalt

1 Impulse in Richtung Kinderphilosophie

[Überarbeitete Fassung einer Seminararbeit, die im Rahmen des UK »Krisen- und Suizidprävention für Kinder und Jugendliche« (Leitung: Dr. Norbert Kriechbaum, Mag. Sabine Hüttl) an der Universität Graz im Sommersemester 2007 entstanden ist.]

1.1 Einleitung

Wer denkt nicht gern an seine Kindheit zurück? Diese Zeit ist meist von Unbeschwertheit und Sorglosigkeit geprägt, einige Menschen können sich dieses Lebensgefühl sogar bis ins hohe Alter bewahren.

Kinder sprechen und Kinder denken, viele Gedanken gehen jedoch verloren und sind im Nachhinein nicht mehr fassbar oder erklärbar. Um zu erforschen, wie Kinder denken, ist es möglich, sich an verschiedenen Quellen zu orientieren. Man kann seine eigenen Erinnerungen reflektieren oder sich theoretisch-wissenschaftlich in das Forschungsgebiet einarbeiten. Auch empirische Beobachtungen oder Gespräche mit Kindern können hier Aufschlüsse geben.

Erwachsene – Eltern oder auch Lehrer – haben unterschiedliche Ideen zum Thema »Kinderphilosophie«. Ich befasse mich aus Interesse und Neugier mit diesem Forschungsbereich, auch um meine eigenen Erfahrungen in der Kindheit zu reflektieren.

Es gibt zu diesem Thema zwei unterschiedliche Zugänge, einerseits den streng wissenschaftlichen und intellektuell-philosophischen, andererseits den direkten und spielerischen. Es sollte allerdings stets darauf geachtet werden, an wen ein Forschungsprojekt gerichtet ist. Zahlreiche Begriffe aus der wissenschaftlichen Literatur sind für Kinder nicht verständlich oder nachvollziehbar. Es wäre daher wichtig, wissenschaftliche Reflexionen zu diesem Thema auch für Kinder aufzubereiten und verstehbar zu machen, um eine Brücke zwischen der theoretischen Wissenschaft und der pädagogischen Praxis zu bauen.

Möchte man ergründen, was und wie junge Menschen denken, wagt man in gewisser Weise einen Sprung ins Ungewisse. Im Folgenden soll zunächst kurz dargelegt werden, wie das Denken in der frühen Kindheit geprägt wird. Daraufhin werden Methoden dargestellt, die die Denkentwicklung bei Kindern und Jugendlichen gezielt fördern können. Darüber hinaus wird der Versuch unternommen, dieses Thema mit therapeutischen Konzepten zu verbinden. Begriffe wie »Krise« und »Suizid« sind für Kinder unverstehbar und vieles weist darauf hin, dass diese Worte von Kindern nicht nur nicht verstanden werden, sondern auch maßlos überfordern können. Daher sollen im Folgenden auch Impulse gegeben werden, um die Kinder- und Jugendphilosophie im Hinblick auf therapeutische Zwecke fruchtbar zu machen.

1.2 Die Ausbildung »internaler Arbeitsmodelle« in der frühen Kindheit

Kognitive Prozesse können heute in der Entwicklungspsychologie sichtbar gemacht werden. John Bowlby, einer der Pioniere der Bindungsforschung, etablierte die These, dass Kinder in den ersten Lebensjahren innere Organisationssysteme ausbilden, die frühe Bindungserfahrungen und Erwartungen gegenüber Bezugspersonen beinhalten. Bowlby bezeichnete diese inneren Systeme als »Inner Working Models«.

> »Bowlbys theoretische Vorstellung über ein ›internales Arbeitsmodell (Inner Working Model: IWM) von sich und Anderen‹ bezieht sich vor allem auf die Entwicklung innerer hypothetischer Organisationen von Emotionen im Zusammenhang mit dem Bindungs- und Explorationssystem. Bowlby wählte den Begriff Arbeitsmodell, weil

sich das Modell von sich und anderen durch beständig neuartige Erfahrungen ändern kann, der Veränderungsprozess allerdings mit zunehmendem Alter und Menge der Erfahrung schwerer wird, weil es sich selbst stabilisiert.«[1]

Dieses »internale Arbeitsmodell« kann somit als ein hypothetisches Organisationssystem von Emotionen, also Gefühlen, betrachtet werden. Unser Bindungs- und Erkundungsverhalten – und vor allem unsere Art zu lieben – ist entscheidend durch Erfahrungen aus unserer frühen Kindheit geprägt.

Man kann davon ausgehen, dass ein Ergründen von frühen Erfahrungen im späteren Leben sehr interessant sein kann, z. B. wenn die eigene Kindheit noch mal reflektiert und interpretiert wird, um bestimmte Probleme zu lösen. Die meisten Menschen erleben unterschiedliche emotionale Kontakte in ihrer Kindheit, als Erwachsene wissen sie aber nur mehr bruchstückhaft, was damals passiert ist.

Der Begriff »internales Arbeitsmodell« verdeutlicht, dass unser »inneres Denken« einerseits sehr gut »organisiert« ist und dass es andererseits nicht automatisch in seiner Struktur gegeben ist. Vielmehr wird dieses innere Arbeitsmodell in der Kindheit durch Erfahrungen ständig von Neuem »erarbeitet«. Es kann sich somit immerzu durch hinzukommende Erfahrungen verändern.

Junge Menschen, die in derselben Kultur heranwachsen, machen ähnliche Erfahrungen und durchleben ähnliche Veränderungsprozesse, doch kann die familiäre Situation sehr unterschiedlich sein und somit variieren auch die individuellen Erfahrungen. Nach den ersten Kindheitsjahren stabilisieren sich diese Erfahrungen zu Schemata. Es wäre natürlich wünschenswert, dass ein Mensch die Stabili-

---

1 Grossmann, Klaus E. / Grossmann, Karin: Die Bedeutung der ersten Lebensjahre für die Persönlichkeitsentwicklung – Ergebnisse der Bindungsforschung. Homepage Deutsche Liga für das Kind. URL: http://liga-kind.de/fk-401-grossmann/ (Abrufdatum: 14.10.2015). (Der Beitrag ist die schriftliche Grundlage eines Vortrags von Klaus E. Grossmann anlässlich der Jahrestagung der Deutschen Liga für das Kind „Beziehung und Erziehung in der frühen Kindheit", am 2./3.11.2001 in der Berliner Charité. Die vollständige Fassung einschließlich der Literaturangaben ist über die Geschäftsstelle der Deutschen Liga für das Kind erhältlich.)

sierungsphase auf einem möglichst hohen Niveau erreicht, um in seinem Leben möglichst breite Erfahrungen machen zu können.

Das »Inner Working Model« kann auch als hypothetisches Organisationssystem von Emotionen bezeichnet werden. Dies bedeutet, dass es in der frühen Kindheit zu einem Abgleich zwischen den inneren Erwartungen und den tatsächlichen Erfahrungen mit Bezugspersonen kommt, was ein wichtiger Prozess ist. Dieser Abgleich vollzieht sich in zwei Richtungen, nämlich erstens nach außen (zentrifugal) und zweitens nach innen (zentripetal). Das Zentrum wäre in beiden Fällen die innere Welt (die Psyche) des Menschen, der Ort, an dem unser ganzer Erfahrungsschatz gespeichert ist und auf den nur wir selbst zugreifen können. Im Laufe der frühsten Kindheit werden Explorations- und Bindungsmuster internalisiert, die die Grundlage unserer Beziehungen zu anderen, unseres Kontakts zu Freunden und zu unserer Familie bilden. Das Gefühl, nicht ohne den anderen zu können, kann als eine Quelle der Angst entstehen. Viele Kinder, die z. B. aufgrund einer Scheidung ein Elternteil seltener sehen, werden sich ihrer Bindungskapazität stärker bewusst und reagieren eventuell überfordert, weil sie ihre Bedürfnisse so stark spüren. Für die Entwicklung eines Kindes sind Bindungserfahrungen sehr wichtig, weil es, mit sich selbst im Zentrum, unbedingt Perspektiven von und nach außen braucht.

1.3 Denken lernen – Routine und Reflexion

Philip Cam vertritt in seinem Buch »Zusammen nachdenken« die These, dass Routine und Reflexion zwei Grundelemente kindlicher Bildung und Erziehung darstellen sollten:

> »Wenn Kinder beispielsweise lernen, flüssig zu lesen, zuverlässig zu buchstabieren und ohne Probleme zu multiplizieren, sind sie auf dem Weg zu einer Art ›Routine‹.
> Bei anderen Fähigkeiten ist es genau umgekehrt. Es sind die Dinge, die wir nur dann gut machen, wenn wir gelernt haben, darüber nach-

zudenken. Man nennt sie ›reflexiv‹. Es muss uns unbedingt gelingen, Fähigkeiten und Gewohnheiten beider Art – Routine und Reflexion – auszubilden, um wirklich intelligente Kinder (in ihren Gedanken) und vernünftige Kinder (in ihren Handlungen) zu erziehen.«[2]

Ein ständiges Überprüfen der eigenen Gedankenordnung[3] ist sehr wünschenswert und wichtig. In einigen Fällen wird dies jedoch erst durch eine Psychotherapie im Erwachsenenalter erreicht. Es besteht jedoch die Möglichkeit, bereits in der frühen Kindheit die introspektive Begabung zu fördern. Ich bezweifle allerdings, ob ein sehr junger Mensch zu intensiven Gedankenüberprüfungen schon in der Lage ist, wenn er gerade erst Lesen und Schreiben lernt und noch über sehr wenig Lebenserfahrung verfügt. Vielmehr denke ich, dass der Impuls, Gedankengänge zu überdenken, nur auftritt, wenn eine entsprechende Situation erlebt wurde, die einen Menschen zur Reflexion »zwingt«.

Die Intelligenz eines Kindes kann durch Sozialisation negativ oder positiv beeinflusst werden. Zur Entwicklung der Intelligenz ist sowohl Reflexion als auch Routine notwendig, beides kann über die Sozialisation vermittelt werden. Wenn ein Mensch es z. B. nicht gewohnt ist, über etwas nachzudenken, weil er das Reflektieren als etwas Mühevolles erlebt, kann er es aber trotzdem lernen. Die Schule wäre ein geeigneter Ort, um Kindern einige Methoden zur ständigen Überprüfung ihrer Gedankenordnung zu lehren.

Es gibt in unserem österreichischen Schulsystem, das (neben der Familie) eines der primären Sozialisationssysteme ist, nur Unterscheidungen ins Negative, in Form von Sonderschulen, aber keine staatlichen Bildungseinrichtungen für besonders begabte Kinder. Daran ist die Bildungsentscheidung abzulesen, dass man alle Kinder, so weit wie möglich, einheitlich ausbilden will und jedem die gleiche Chance geben möchte. Legt man das Augenmerk jedoch auf kindliche

---

2 Cam, Philip: Zusammen nachdenken. Philosophische Fragestellungen für Kinder und Jugendliche. Eine praktische Einführung. Mülheim an der Ruhr: Verlag an der Ruhr 1996. S. 8 f.

3 Vgl. dazu Cam (1996), S. 9.

Krisenpotenziale, wäre es wichtig, den Kindern auch in der Schule zu vermitteln, warum ein Überprüfen der eigenen Gedanken so wichtig ist, ohne sie zu schockieren oder zu überfordern. In problematischen Situationen dürfen Kinder mit Krisengedanken nicht sich selbst überlassen werden.

»Reflexives Denken taucht dann auf, wenn wir Entscheidungsbedarf haben, weil wir verwirrt sind, zweifeln oder staunen.«[4]

Entscheidungen, die uns als Erwachsene stark beschäftigen, fällt ein Kind eher intuitiv. Aus diesem Grund können wir uns auch nicht an Entscheidungen, die wir als Kind getroffen haben, erinnern, weil wir damals nicht intensiv darüber nachgedacht haben. Unser Entscheidungsspielraum verändert sich im Laufe des Heranwachsens sehr stark, bis wir erwachsen sind und uns um uns selbst kümmern können. Wir entwickeln in den ersten Kindheitsjahren ein System des »inneren Denkens«, in dem sich unsere Gefühle und Gedanken bewegen, bis wir irgendwann definitiv entscheiden, was für uns »wahr«[5] ist und was Wahrheit für uns bedeutet.

Wenn ein Mensch schon in frühen Jahren gelernt hat, auf Verwirrungszustände oder auf Verzweiflung mit einem reflexiven Gedanken zu reagieren, kann er sich besser entwickeln. Psychisch gesund zu bleiben oder zu werden, ist ein großes Ziel für jeden von uns.

Wie oben zitiert, kann reflexives Denken durch Verwirrung, Zweifeln oder Staunen ausgelöst werden. »Staunen« scheint mir ein Begriff zu sein, der die eher spektakulären Dinge im Leben eines jungen Menschen quittiert, was der Entwicklung sicher positiv dienen kann. Das Staunen ist entwicklungspsychologisch bedeutsam, denn es kann einen jungen Menschen voranbringen und zum Lernen anregen, wenn dieses Staunen nicht plötzlich die gesamte geistige Welt zu

---

4 Cam (1996), S. 9.
5 Vgl. Cam (1996), S. 9. Dort der Verweis auf: Dewey, John: Wie wir denken. Eine Untersuchung über die Beziehung des reflexiven Denkens zum Prozess der Erziehung. Zürich: Morgarten Verlag Conzett & Huber 1951. S. 6.

dominieren beginnt. Es ist für einen jungen Menschen unerlässlich, das Leben in seinen vollen Breiten kennenzulernen und sich in unterschiedlichen Feldern zu bewegen. Einengungen der Fantasie im Kindesalter wirken sich negativ aus und führen zu einem Mangel an psychischer Kraft.

»Kritisches Denken ist immer auch ein bisschen kreativ, genauso wie kreatives Denken immer auch ein bisschen kritisch ist. Deshalb sind sowohl kritisches als auch kreatives Denken Aspekte oder Ausprägungen des Nicht-Routine-Denkens, das man als höheres Denken bezeichnet.«[6]

Diese unterschiedlichen Begrifflichkeiten sind natürlich teilweise philosophische Spielereien, können aber zum Nachdenken anregen. Kritisches und kreatives Denken bedingen sich gegenseitig und verstärken sich gegenseitig. Ein Mehr von beidem ist immer besser und kann helfen, die Routine zu durchbrechen. Um kritisches und kreatives Denken zu wecken, haben wir bei Jugendlichen natürlich andere Instrumente in der Hand als bei einem Kleinkind. Bei einem 18-Jährigen können völlig andere Fähigkeiten vorausgesetzt werden, was das geistige Niveau, die Ausdrucksfähigkeit und auch das freizeitliche Geschehen anbelangt. Kinder lassen aber möglicherweise stärker unbewusste Gedanken zu. Sie sind in der Regel vorbehaltlos in Bezug auf andere und teilen alles ungefiltert mit.

»Die größte Veränderung in der Fähigkeit des Kindes, Sprache als Werkzeug der Problemlösung zu benutzen, findet statt, [...] wenn das sozialisierte Sprechen (das vorher an die Erwachsenen gerichtet wurde) sich nach innen richtet.
Sprache übernimmt so zusätzlich zum interpersonalen Gebrauch eine intrapersonale Funktion.
Sie wenden ihr soziales Bewusstsein erfolgreich auf sich selbst an.

---

6 Cam (1996), S. 12. Cam verweist an dieser Stelle auf: Lipman, Matthew: Thinking in Education. New York: CUP 1991.

Die Geschichte der Verinnerlichung der sozialen Sprache ist zugleich die Geschichte der Sozialisation des praktischen Denkens (des Intellekts) des Kindes.«[7]

Die Verinnerlichung der sozialen Sprache hängt somit mit der Entwicklung der intellektuellen Fähigkeiten unmittelbar zusammen. Die neuronalen Strukturen des menschlichen Gehirns sind veränderbar und können, in Abhängigkeit von ihrer Verwendung, gezielt entwickelt und trainiert werden. Neurowissenschaftler sprechen daher auch von der »neuronalen Plastizität« des Gehirns.

In der frühen Kindheit wird die Sprache personalisiert. Das Konstrukt »Andere und ich« taucht plötzlich auf, wird entwickelt und auf eine höhere Stufe gehoben. Es könnte sein, dass ein Kind unter Umständen mehr in sich selbst verhaftet bleibt, während ein anderes sich sehr stark nach außen orientiert. Das Verhältnis zwischen Interpersonalität und Intrapersonalität müsste deshalb untersucht werden. »Personalität« bedeutet auch, dass das Kind schon als Person wahrgenommen wird und dass es sich selbst nach und nach als Person begreift. In der frühen Kindheit beginnt also ein Prozess der personalen Umstellung.

Umwelteinflüsse und Bildungsprozesse beginnen ab diesem Zeitpunkt einzusetzen, und damit wird das Kind mit dem Konzept des Leistens oder Arbeitens konfrontiert. Es beginnt die ewige Suche nach dem Sinn des eigenen Lebens, die durch das Bildungsprogramm, das in Österreich mehr oder weniger für alle gleich ist, gestützt wird und mit Erfahrungen aus der Familie oder aus dem Freundeskreis angereichert wird. Hier beginnen manchmal auch Unterschiede zwischen Kind und Kind augenscheinlich zu werden. Das Verhalten eines Kindes lässt sicher Rückschlüsse auf eventuelle Entwicklungsverzögerungen zu, weshalb die Beobachtung (z. B. der sprachlichen Umgebung) hier als Instrument zu konzipieren wäre.

»Es bietet sich vor allem an, die sprachliche Umwelt des Kindes einzuschätzen. Man kann versuchen herauszufinden, ob sich ungüns-

---

7 Zitiert nach: Cam (1996), S. 13. (Vygotski, L. S.: Mind in Society. The Development of Higher Psychological Processes. Hrsg. v. Cole, Michael et al. Cambridge, Mass.: Harvard University Press 1987. S. 27.)

tige Sprachvorbilder im Umfeld des Kindes befinden. Ein Kind soll gemäß seines Entwicklungszustands sprachlich bedient werden und generell gilt, viel sprechen ist gut. Wenn es in der Vergangenheit des Kindes ungünstige Faktoren gibt, wie zum Beispiel ein Krankenhausaufenthalt oder auch beim Verlust von wesentlichen Beziehungspersonen, ist besonders darauf zu achten, fachliche Hilfe zu holen, um Entwicklungsverzögerungen zu vermeiden.«[8]

Vom Standpunkt der Psychiatrie werden Kinder, meines Wissens nach, hauptsächlich mit kognitiv-behavioralen Therapien bedient. Die Verhaltensforschung stützt sich auf Informationen aus der Entwicklungspsychologie, besonders in Bezug auf Aufmerksamkeitsdefizite und inadäquate Verhaltensweisen, die über das Kreativitätsdenken kanalisiert werden können.

Die Gedanken von Kindern kann man entweder durch Interviews oder durch Beobachtung ans Licht bringen. Bei Interviews ist zu erwähnen, dass die Kinder unter Umständen voreingenommen, altruistisch oder ambivalent reagieren und somit die Daten nicht mehr repräsentativ sind. Der »Duden« definiert »Altruismus« folgendermaßen:

»Durch Rücksicht auf andere gekennzeichnete Denk- und Handlungsweise, Selbstlosigkeit, Aufopferung. Gegensatz: Egoismus.«[9]

Kinder können unter Umständen Geheimnisse haben, die sie auf keinen Fall preisgeben möchten, z. B. aus Rücksicht gegenüber anderen oder um Schamgefühle zu vermeiden. Wenn zum ersten Mal so etwas wie Liebe gegenüber einem Menschen außerhalb der Familie empfunden wird oder wenn z. B. homosexuelle Empfindungen spürbar werden, die nicht immer realisierbar sind, entstehen un-

---

8 Trapmann, Hilde/Rotthaus, Wilhelm: Auffälliges Verhalten im Kindesalter. Handbuch für Eltern und Erzieher. Band 1. Dortmund: Verlag modernes Lernen 1970/ 2003. S. 264 f.
9 Duden: Das Fremdwörterbuch. Mannheim u. a.: Dudenverlag 1997. S. 54.

ter Umständen große Probleme und Staus. Für ältere Kinder oder Jugendliche ist dies möglicherweise schambehaftet, weshalb sie das Risiko nicht eingehen wollen, sich mitzuteilen. Von einem Heranwachsenden werden solche Situationen oft als große Belastung erlebt. Im besten Fall können sie sich dann an Personen im unmittelbaren Umfeld orientieren, die Wege aufzeigen, oder an Vorbildern aus der Unterhaltungsindustrie. Ein junger Mensch muss viele ambivalente Schritte gehen, um am Ende mit einer gut funktionierenden und krisenfreien Persönlichkeit fest im Leben zu stehen.

Vielen gelingt dies nicht oder nur teilweise, einseitiges Arbeiten oder Denken kann dann zu einer Situation führen, die krankheitsbehaftet ist. Wenn keine Auswege mehr zu sehen sind und nur noch ein ganz bestimmtes Problem fokussiert wird, dann helfen therapeutische Maßnahmen, die den Teufelskreis der Gedanken stören und ein *Social Functioning* sowie ein Interesse an der Umwelt wieder ermöglichen. Erreicht werden kann dies z.B. durch eine therapeutische Rückführung in die frühe Kindheit, in eine Gedankenwelt, die weniger dicht ist. Viele Erwachsene, aber auch Jugendliche kennen die psychologischen Trainings in Bezug auf Familienaufstellungen.

1.4 Tagträume bei Kindern

Tagträume bieten eine ambivalente Möglichkeit, die Gedankenwelt gleichzeitig einzufrieren und weiterzuentwickeln. Sie ermöglichen ein »Sich-Wehren« gegen Entwicklung, aber auch ein »Sich-Einlassen« auf Entwicklung. Das Fantasiepotenzial von Kindern erlebt hierbei einen Feuertest und es bietet sich für einen jungen Menschen die Möglichkeit, gedanklich wegzufliegen und sich spielerisch einem Thema zu nähern. Dies kann unter Umständen etwas Extremes beinhalten, was dann nicht weitererzählt wird. »Das Kind wendet sich seinen internen Prozessen zu, wendet sich aber nicht automatisch von der äußeren Realität ab.«[10]

---

10 Trapmann/Rotthaus (1970/2003), S. 289.

»Individuelle Wünsche, Hoffnungen, Bedürfnisse und Belastungen«[11] können operationalisiert und somit sichtbar gemacht werden.

>»Allein gelassene und einsame Kinder sowie auch Kinder, die verhaltensauffällig sind, erleben Tagträume häufiger. Tagträume bieten psychische Entlastung, Entspannung und ein Mehr an psychischer Gesundheit. Therapeuten arbeiten mit dem gelenkten Tagtraum und mit katathymem Bildererleben. Vergangenes kann ebenso imaginiert werden wie Zukünftiges und man kann vorweg mit der Realität vertraut werden. Minderwertigkeitsgefühle, kindliche Schocks, Belastungen, Entwicklungsstillstände, soziales Gemeinschaftsleben können eine Rolle spielen. Es wird danach getrachtet, einen Dialog mit dem Kind zu entwickeln, ohne die Handlungsimpulse des Kindes zu zerstören.«[12]

Tagträume können meiner Ansicht nach hauptsächlich dazu dienen, um Ressourcen zu aktivieren und ein besseres *Coping* zu gewährleisten. Im Erwachsenenalter bietet diese imaginierte Welt, die meistens teilweise erinnerbar ist, weil sehr viele Energien dafür aufgewendet wurden, eine gute Grundlage, die eigene Kindheit und somit seine Existenz aufzuspüren. Ähnlich wie bei der Traumdeutung kann das »Sich-Erinnern« an seine eigene Traumwelt ein großes Plus in einem etwaigen späteren Psychotherapieprozess sein.

Beim Tagträumen macht ein Kind die Erfahrung, dass es viel Fantasie hat und etwas Besonderes explorieren kann. Die Traumwelt wird zu einer geheimen, geschützten Märchenwelt, in der das Kind sich selbst beobachten und verändern kann. Es erlebt sich zum ersten Mal sehr intensiv als denkender Mensch, der Bedürfnisse ebenso wie Intelligenz hat und braucht. Hemmungen können verschwinden und Sozialisation kann besser gelingen. Diese Prozesse laufen meist unbewusst und unbeobachtet ab, das Kind fühlt sich also sicher dabei.

---

11 Trapmann/Rotthaus (1970/2003), S. 289.
12 Trapmann/Rotthaus (1970/2003), S. 290–295.

1.5 Kreatives, produktives Denken bei Kindern – Methoden zur Denkentwicklung

1.5.1 Tagebuch

Das Schreiben eines Tagebuches eignet sich sehr gut dafür, um das eigenständige Denken und die Selbstreflexion zu fördern. Beim Tagebuchschreiben werden tägliche Gedanken, Erlebnisse und Erinnerungen chronologisiert und prozesshaft bearbeitet. Oft kann auf diese Weise das intellektuelle Niveau mit der Zeit verbessert werden. Tagebuchschreiben ist somit auch im Hinblick auf die Erfordernisse des Schulalltags sehr gewinnbringend, denn in unserem Schulsystem wird besonderer Wert auf die Lese- und Schreibkompetenz gelegt.

Ein Tagebuch macht immer einen Sinn, egal in welcher Lebenslage man sich befindet und unabhängig davon, wie alt man ist. Man kann nur davon profitieren, wenn man sich intellektuell mit sich selbst beschäftigt. Ein Tagebuch stellt somit einen viablen Zugang für das eigene Erwachsenwerden dar. Man wird sich schneller über eigene Gefühle und eigene Bedürfnisse klar, kann herausfinden, was man an sich schätzt und wo noch Verbesserungspotenzial besteht.

Darüber hinaus trainiert das Tagebuchschreiben die Introspektion, weshalb später (bei Bedarf) ein introspektiver Therapiezugang schneller erreicht werden kann. Für einen eventuellen Therapieprozess hat man sozusagen schon vorgearbeitet und weiß, wie man sich mit sich selbst beschäftigen kann, ohne ständig auf andere zu bauen. Man setzt den ersten Sprung hinein in die eigene Autonomie.

1.5.2 Werkstatt

Das Arbeiten in einer Werkstatt fördert die Kreativität und die handwerklichen Fähigkeiten. Ich selbst kenne diese Form des praktischen Arbeitens aus der Tagesklinik und aus den rehabilitativen Stationen im LSF Graz und im AKH Wien. Dabei überwindet man sich, gemeinsam mit anderen zu basteln oder handwerklich zu arbeiten. Man kann sich Inspirationen von anderen holen und integrativ arbeiten. Der Begriff des *Sharings* ist hier zu nennen, denn man arbeitet allein, ohne allein arbeiten zu müssen. Man kann mit anderen gemeinsam Ziele erreichen und beispielsweise selbst hergestellte Gegenstände bei einem Event oder auf einem Markt verkaufen. Auf jeden Fall kann man die so entstandenen Produkte gegenseitig vergleichen.

Die Beschäftigung mit sehr simplen Arbeiten wird von erwachsenen Menschen oft als befremdlich wahrgenommen, Kindern bereitet dies jedoch meist große Freude. Sie erlernen dabei handwerkliche Fähigkeiten und ein gemeinsames Arbeiten. Basteln und manuelles Arbeiten stellen für viele Kinder ein wunderschönes Beschäftigungsfeld dar. Konzentrationsfähigkeit und Fingerfertigkeit, die in vielen Berufen benötigt werden, werden hierbei trainiert.

Aus den Schulen, wo es den Werkunterricht gibt, ist diese Arbeitsidee nicht wegzudenken. Besonders im Kindergarten und in den ersten Volksschuljahren stellt das gemeinsame Basteln oder Werken eine wichtige Variante des kreativen Miteinanders dar. Hierbei wird die Fantasie gefördert, indem sie nicht ausdrücklich gefordert wird. Aufgrund der Fokussierung auf Manuelles und Handwerkliches tritt während der Arbeit möglicherweise das Tagträumen verstärkt auf. Es kann auch eine Art Sogwirkung stattfinden, z. B. wenn ein Kind nach dem manuellen Arbeiten stärker dazu tendiert, sich intellektuell zu beschäftigen oder ein Buch zu lesen.

Ein Blick auf den chinesischen Kulturkreis ist an dieser Stelle interessant. Zur Zeit der Kulturrevolution in den 60er und 70er Jahren wurden Jugendliche aus den Städten und Schulen aufs Land geschickt, um dort einfache Arbeiten kennenzulernen. Das Zurückdrängen der Intellektualität hat einen erstaunlichen spirituellen Effekt mit sich geführt, der aber sicher teilweise auch unter dem Begriff eines Traumas zu fassen ist. Man spricht heute in der modernen Chinaforschung von »Umerziehung« oder »Reedukation«.

1.5.3 Theater

Theaterspielen ist mehr als nur ein Auswendiglernen von Dialogen, es ist eine hohe Kunstform. Das Rezitieren von Gedichten stellt bereits einen ersten Schritt in diese Richtung dar. Für Kinder kann ein Sich-Präsentieren vor Publikum, etwa bei einem öffentlichen Auftritt, sehr prickelnd sein. Dabei entdecken junge Leute nicht selten ihr schauspielerisches Talent und schlagen manchmal sogar eine künstlerische Laufbahn ein. Später sehen sie meist voller Euphorie auf ihre Schulzeit zurück und sind unter Umständen sehr dankbar für die Möglichkeiten, die sich ergeben haben, im jungen Alter schon den richtigen Weg einzuschlagen. Ein Freund von mir war während seiner Kindheit am Theater, bekam Sprechtraining und ist heute Radiomoderator.

Das gemeinsame Inszenieren eines Theaterstückes ist ein ehrgeiziges Projekt und setzt ein künstlerisches Miteinander voraus. Darüber hinaus haben die Teilnehmenden die Möglichkeit, zahlreiche kreative und soziale Fähigkeiten zu trainieren. Für viele Berufe ist es heutzutage notwendig, ein guter Kommunikator zu sein. Daher ist das gemeinsame professionelle Einstudieren eines Stückes für alle Teilnehmenden gewinnbringend. Sprachliche Perfektion und gekonntes Repräsentieren werden im Berufsleben verlangt, und das Theater bietet hierfür einen ersten spielerischen, aber zugleich ernsten Zugang.

1.5.4 Reisen, Fremdsprachen und Mediennutzung

Wenn Kinder verreisen, haben sie die Möglichkeit, eine Vielzahl von neuen Eindrücken und Erfahrungen zu sammeln. Kinder reagieren beim Reisen durchaus positiv und schätzen den Freizeitwert so hoch wie Erwachsene.

Verreisen Kinder zum ersten Mal ohne ihre Eltern, sind sie meist in einer Gruppe irgendwo im Heimatland unterwegs. Dann fahren sie z. B. mit Gleichaltrigen auf Skikurse oder Schullandwochen, möglicherweise wird auch eine neue Sportart erlernt. Die Kinder spüren sich zum ersten Mal selbst ganz allein und erfahren, wie es ist, in Gruppen mehrere Tage lang ohne Eltern zu leben. Sie machen intensive geistige und körperliche Erfahrungen. In Gruppen erleben sie das Gefühl, gemeinsam stark zu sein, und vieles wird bestaunt. Ältere Kinder und Jugendliche sind nach einer solchen Reise auch an Auslands- oder Fernreisen gewöhnt und werden immer sicherer im Umgang mit anderen Menschen und mit den Erfordernissen des Reisens.

Sobald die eigene Kultur sitzt, können Kinder auch in Beziehung zu fremden Kulturen treten und sich als »Ausländer« oder »Inländer« wahrnehmen. Die bekannte Alltagskultur wird hinterfragt oder zumindest einmal differenziert wahrgenommen. In fremden Ländern werden Kinder möglicherweise einen ersten kleinen Kulturschock erleben und Ängste können auftreten. Wichtig ist, ein Kind nicht zu schnell zu überfordern.

Englisch wird heute in Österreich erst ab einem Alter von zehn Jahren ernsthaft unterrichtet, und daran sollte man auch denken, wenn man einem Kind in jungen Jahren schon eine sehr weite Auslandsreise zumuten will.

> »Angst, Furcht, Spannung, aber auch Erlebnishunger und Euphorie sind zum ersten Mal Teil des täglichen Lebens. Für junge wie alte Menschen sind beim Reisen Erfahrungs(t)räume zwischen Autonomie und Geborgenheit zu beobachten. Soziale Kontakte werden intensiver als sonst wahrgenommen. Selbstvertrauen und Imagination, Zeitwahrnehmung und Zeitstrukturierung spielen eine große Rolle beim ersten Reisen.«[13]

> »Interne und externe Anforderungen sind zum ersten Mal nicht mehr im Gleichgewicht und ein Individuum muss die eigenen Ressourcen plötzlich schneller aufbauen.«[14]

Auf Reisen werden die Anforderungen von außen einerseits differenzierter wahrgenommen, sie nehmen andererseits auch deutlich spürbar zu. Beispielsweise muss in einer Fremdsprache kommuniziert werden und fremde Kulturinhalte können von Kindern möglicherweise noch nicht gänzlich erschlossen werden. Kinder oder auch junge Erwachsene können bei einem Auslandsaufenthalt durchaus erste Schocks oder Traumen erfahren, ohne dass sich später daraus ein Krankheitsgeschehen entwickelt. Darüber hinaus kann auch ein gewisser

---

13 Graf, Bettina: Reisen und seelische Gesundheit. Erfahrungs(t)räume zwischen Autonomie und Geborgenheit. München, Wien: Profil Verlag 2002.
14 Graf (2002), S. 134.

»Kulturstolz« empfunden werden, wenn die eigene Kultur der des Gastlandes als überlegen angesehen wird, beispielsweise in finanzieller oder kultureller Hinsicht. Andererseits merken Kinder oft sehr schnell, dass die Idee des »Im-Ausland-Seins« etwas Besonderes ist. Viele Kinder von Expatriates werden später Native Speakers und beherrschen die Sprache ihres Gastlandes wie ihre Muttersprache. Sie legen aber für den Rest ihres Lebens Wert auf ihre kulturelle Besonderheit.

Auf Reisen können Kinder ihre interkulturelle Kompetenz schärfen, denn sie lernen, mit Menschen anderer Kulturen erfolgreich zu interagieren. Das *Coping* im Sinne einer »Bewältigung des Alltags« in einem fremden Land ist etwas sehr Bedeutsames für einen jungen, heranwachsenden Menschen. Befinden sich neuartige Erlebnisse und bereits bekannte Erfahrungen im Gleichgewicht, können Kinder wichtige Widerstandsressourcen gegen Belastungen aufbauen und einen starken Kohärenzsinn ausbilden. Mit Bezug auf Antonovskys Salutogenese-Modell schreibt Bettina Graf:

> »Die generalisierten Widerstandsquellen wirken sich fördernd auf den Umgang mit Belastungen aus und begünstigen die Entstehung des Kohärenzsinns. Der Kohärenzsinn besteht zum einen aus einem Vertrauen in die Verständlichkeit und Vorhersagbarkeit von Ereignissen (comprehensability) und in die eigenen Fähigkeiten, die Anforderungen von Ereignissen zu bewältigen (manageability), zum anderen aus Freude am Leben und der emotionalen Bedeutung von Ereignissen (meaningfulness). Ein stark ausgeprägter Kohärenzsinn wirke sich positiv auf die Gesundheit eines Individuums aus.«[15]

Der Kohärenzsinn ist offenbar ein wichtiger Baustein in Richtung Bildung und Wissenschaftssinn. Dies zeigt sich bei Kindern z. B. an der Qualität von Schulaufsätzen, beim Lesen und Schreiben können eigene Ideen aktiviert und in einen sinnvollen Zusammenhang gebracht werden.

15 Zitiert nach: Graf (2002), S. 133. Siehe zum Salutogenese-Modell Antonovskys: Antonovsky, Aaron: Health, stress, and coping. San Francisco: Jossey-Bass 1979.

Ein längerer Auslandsaufenthalt eignet sich besonders gut, um Fremdsprachenkompetenzen zu verbessern. Eine Reise kann auch ein Anlass sein, um sich mit einer fremden Sprache näher zu beschäftigen. Wenn ein Kind mit seinen Eltern z. B. öfter einen Urlaub in Italien verbringt, ist es nicht verwunderlich, wenn es auch in der Schule Italienisch lernen möchte oder unter Umständen später Romanistik studiert. Die individuelle Wahl des Studienortes oder Studienfaches ist ein Prozess, der oftmals als etwas sehr Befreiendes empfunden wird, weil unser österreichisches Schulsystem neun Jahre lang nahezu allen eine einheitliche Struktur aufzwingt. Nach der Matura dürfen junge Erwachsene selbst entscheiden, welchen Bildungsweg sie einschlagen möchten.

Nicht wenige Studenten nutzen die Möglichkeit, ein Auslandssemester zu absolvieren. Die Europäische Union hat mehrere Programme wie z. B. *Erasmus* oder *Sokrates* aufgebaut. Stipendien werden an alle vergeben, die sich für Auslandsstudien interessieren.

Viele junge Menschen sind von Großstädten wie London oder New York begeistert. Zudem merken sie sehr früh, dass die Kulturindustrie des angloamerikanischen Raumes (USA und Kanada) weltweiten Einfluss hat.

Unterhaltungssendungen und Dokumentationen im Fernsehen liefern uns heute zahlreiche Informationen direkt ins Wohn- oder Kinderzimmer. Die digitalen Medien werden heutzutage besonders von der jüngeren Generation zur Informationssuche und zur politischen Meinungsbildung genutzt. Auch in Klassenzimmern und Hörsälen kommen moderne Medien weltweit zum Einsatz. Viele Kinder und Jugendliche fiebern bei politischen Diskussionen mit und verfolgen politische Entscheidungsprozesse, wie z. B. Nationalratswahlen oder etwa auch Präsidentschaftswahlen aus den USA. Nicht wenige interessieren sich auch für die europäische Identitätssuche (Idee der EU-Verfassung). Nachrichtensendungen liefern Einblicke in verschiedene Kulturen und Sprachen, was für die Bildung junger Menschen besonders förderlich ist.

Als junger Erwachsener war ich sowohl Nachrichtenfan als auch Fremdsprachen-Junkie, dafür habe ich heute die Musik für mich entdeckt. Mit Blick auf unsere Medienlandschaft könnte ich einiges kritisieren. Schlecht finde ich z. B., dass alle österreichischen Versuche, eine Soap Opera zu starten, offenbar fehlschlagen.

Die durchaus interessante Seifenoper »Mitten im 8ten« wurde Ende Juni 2007 eingestellt und es gibt beinahe nur noch US-Serien im österreichischen Fernsehen zu sehen.

Toll wäre jedoch ein englisches Originalprogramm, um das Englischniveau der Festlandeuropäer zu steigern. Das deutschsprachige Fernsehen hat alle Programme synchronisiert, es gibt kein einziges englischsprachiges Programm (der ORF hat nur wenig Programm mit Zweikanalton, was ich sehr schätze).

Das Internet ist heutzutage in nahezu allen Haushalten präsent, was Landesgrenzen zumindest virtuell verschwinden lässt. Allerdings wird ein österreichischer Jugendlicher einen Trip nach Kalifornien trotzdem als etwas sehr Besonderes empfinden. Er wird vermutlich zahlreiche Alltagsschocks erleben und plötzlich erkennen, dass seine Fremdsprachenkenntnisse nicht gut genug sind. Womöglich wird er denken, dass die Menschen in Kalifornien ganz anders sind und dass dort überhaupt »alles komisch« ist. Aber er hat zumindest die Möglichkeit, sich durch das Internet und andere moderne Medien umfassend über das Land, in das er reisen möchte, zu informieren.

Sicher ist, dass Kinder heutzutage aufgrund der Weiterentwicklung von Fernsehprogrammen ganz andere Inhalte geliefert bekommen als noch vor 15 oder 20 Jahren. Beispielsweise ist auffallend, dass die Dialoge in bestimmtem Filmen oder auch Serien heute sehr weit entwickelt sind, man denke z. B. an die Serien »Gilmore Girls« oder »Desperate Housewives«. An dieser Stelle kann ich auf die Entwicklung des österreichischen TV-Programms nicht näher eingehen. Um dies wissenschaftlich zu untersuchen, wäre es notwendig, die Texte von Sendungen zu transkribieren und linguistisch zu analysieren.

In unserer Gesellschaft und im Besonderen in unserer Medienlandschaft entsteht der Eindruck, dass alles »wie geschmiert« läuft. Inhalte fügen sich (scheinbar nahtlos) zusammen, genauere Fragen müssen gar nicht gestellt werden.

Der Sinn für Zusammenhänge entwickelt sich bei Kindern und Jugendlichen mehr oder weniger gut. Die Schule nimmt hierbei nicht immer den Platz ein, der von den Lehrern suggeriert wird. Die modernen und digitalen Medien, hauptsächlich das Fernsehen und das Internet, werden zum Mittelpunkt des Geschehens für junge Leute. Das TV- und Musikprogramm in Österreich bietet ein breites Angebot und jeder Einzelne muss für sich selbst entscheiden, was er tatsächlich nutzen möchte und was außen vor bleiben muss.

Wirft man einen Blick auf das Mediengeschehen in den USA, kann man vermuten, dass die amerikanischen TV-Networks sicherlich entscheiden können, in welche Richtungen ein Programm entwickelt wird. Wie das Management und die Entscheidungsprozesse in diesem Bereich funktionieren, entzieht sich aber meinem Wissen.

Natürlich könnte man sagen, wir in Österreich sind nur Puppen, die unter dem Regiment des amerikanischen Kulturmanagements tanzen. Aus Asien kommende Kulturinhalte werden bei uns in Österreich kaum wahrgenommen und Filme aus Deutschland sind in nahezu allen Fällen zweitklassig. All das wird aber meines Erachtens nicht öffentlich kommuniziert, sondern nur wahrgenommen. Fragen und Ideen zu Kulturprogrammen werden erst auf Universitätsebene diskutiert.

Die Frage, inwiefern durch die Medien eine kulturelle Macht ausgeübt wird, ist sehr interessant, vor allem, wenn man sie in Zusammenhang mit dem oben erwähnten Kohärenzsinn und den Begriffen *comprehensibility* (Verstehbarkeit), *manageability* (aktives Gestalten) und *meaningfulness* (Bedeutsamkeit, Sinnhaftigkeit) bringt. Es ist nicht ausgeschlossen, dass die Macht der Medien junge Menschen in ein Chaos wirft, das unweigerlich negative Schatten zeigt. Den Sinn für Zusammenhänge und Bedeutungen zu lenken, ist einerseits sicher Sache der TV-Macher, andererseits aber auch eine wichtige Aufgabe der Lehrer.

Wir sind immer auf die Entwicklung des menschlichen Geistes angewiesen und in jeder Position ist diese Entwicklung etwas hochgradig Gewolltes. Wir sind auf ein kulturelles Gedächtnis angewiesen und die Wege der Menschen sind unterschiedlich. Mediale Produkte dienen u. a. der Konstruktion von Erinnerungen. Schulbücher dienen demselben Zweck, sind aber oft nicht ausreichend aktualisiert. Die Entwicklungstendenz scheint mir in Richtung eines kreativen Arbeitens mit kulturellen Fakten abzuzielen.

Alle hier erörterten Methoden zur Entwicklung des Denkens bei Kindern trainieren die konzeptuellen, kreativen Energien von jungen Menschen auf ganz bestimmte Art.

Beim Heranwachsen und Erwachsenwerden lernt ein junger Mensch, abstrakte oder sogar fremde Inhalte plötzlich mit Bedeutung zu versehen, z. B. wenn er ersten Liebeskummer hat oder besonders intensive Freundschaften erlebt. Er lernt Gefühle wie Eifersucht, Zusammenhalt, Liebe, Freude oder Schmerz kennen und füllt diese Begriffe mit individuellen Erfahrungen, die sein ganzes Leben prägen können. Je vielfältiger die Erfahrungen sind, umso besser entwickelt sich ein junger Mensch, bis er allmählich zum interkulturellen Profi wird.

1.5.5 Bildende Kunst, Literatur und Musik

Beschäftigen sich Kinder zum ersten Mal ernsthaft mit Kunstwerken, beispielsweise im Rahmen des Schulunterrichtes, kann dies für sie eine überraschende Erfahrung sein. Viele Kinder und Jugendliche entdecken dabei ihre Liebe zur Kunst und tragen diese Begeisterung ein Leben lang in sich.
Bereits in der Volksschulzeit wird das Analysieren von Kunstwerken eingeübt. Im Gymnasium werden die Anforderungen immer komplexer, wenn Schüler z. B. selbst erarbeitete Referate zu bestimmten Themenfeldern halten müssen, Diskussionen führen sollen und Bild- oder Gedichtinterpretationen zu schreiben lernen. Die eigene Muttersprache wird kritisch betrachtet und ein professionelles Anwenden von zuvor erarbeiteten Kenntnissen wird vorausgesetzt.
Lehrer können sehr viel für die kulturelle Bildung ihrer Schüler tun, indem sie z. B. Museumsbesuche organisieren, kombiniert mit Ausflügen in kulturell interessante Städte in Österreich oder ganz Europa. Meistens wird eine Schulklasse dann von Fachlehrern begleitet, z. B. von einem Kunstgeschichtelehrer oder Fremdsprachenlehrer.
Mit Kunst kann man sich aktiv oder passiv auseinandersetzen. Einerseits wird das selbstständige Anfertigen von künstlerischen Arbeiten im regulären Kunstunterricht oder bei Workshops trainiert. Somit wird die Grundlage gelegt für ein passives Verstehen von Kunstwerken, die man beispielsweise im Museum findet.
Auch mit Musik kann man sich passiv oder aktiv beschäftigen. Kinder können sich z. B. aktiv in Schulchören oder Schulbands engagieren oder Musik nur passiv konsumieren, z. B. über den MP3-Player. Die Anforderungen an Kunst- und

Musikprodukte scheinen mittlerweile enorm hoch zu sein, was ich persönlich auch gut finde. Junge Menschen orientieren sich gern an einer spezifischen Fankultur, die sich auf eine bestimmte Musikrichtung und/oder einen speziellen Lifestyle bezieht. Diese Art der Begeisterung wird von verantwortlichen Medienmachern (z. B. in Form von »Bravo«- oder MTV-Inhalten) gesteuert und genährt. Aus dem passiven Konsumieren von Musik entwickelt sich im Idealfall jedoch ganz leicht ein aktives Diskutieren in Gruppen. Diese Tendenz könnte durch entsprechende Trainings noch verstärkt werden. Ich nehme an dieser Stelle allerdings an, dass Passivität eher der Regelfall ist, ein aktives Argumentieren oder Diskutieren über Kunstprodukte ist seltener zu finden. Passives Konsumverhalten ist möglicherweise der Normalfall in unserer Gesellschaft.

Mir selbst ist meine Passivität immer unangenehm aufgefallen, ich hatte keine Ideen, um aktiv zu werden, weil ich kein sozial verankertes Privatleben hatte. Ich konnte nie bei Gesprächen über Kunst oder Musik mitdiskutieren und mir fehlten lange Zeit die notwendigen Erfahrungen in diesem Bereich. Entweder man schafft es, diese Dinge für sich zu »verseelen«, oder man muss sich andere Horizonte schaffen.

Ich habe den Eindruck, dass Musik, Kinofilme und andere Kunstprodukte dieser Art von jungen Menschen sehr geschätzt und in irgendeiner Form seelisch verarbeitet werden. Seelische Verarbeitung kann auch ein leiser, passiver Prozess sein, der nach außen nicht unbedingt sichtbar ist. Auch Erwachsene können durch die Rezeption von Kunstwerken schlummernde Potenziale aus ihrer Kindheit entdecken und auf einmal »nach vorn springen«.

1.5.6 Diskussionen und Projekte im Schulunterricht

Der Schulunterricht bietet zahlreiche Möglichkeiten, das kreative Denken bei Kindern zu fördern. Wichtig scheint es mir, in Diskursen die Ideen und Anliegen der Kinder ernst zu nehmen und faires Feedback zu geben. Ein junger Mensch hat noch verhältnismäßig wenig Lebenserfahrung und kennt sich in der Welt nicht so gut aus wie ein Erwachsener. Ein Kind will spielen, lernen und erfahren. Es kann unterscheiden zwischen der eigenen Welt und der Welt der erwachsenen Bezugspersonen. Vieles, was auf Kinder und Jugendliche zukommt, wird von ihnen als »neu« erlebt.

Wichtig scheint es mir darüber hinaus, im Unterricht einen spielerisch-philosophischen Zugang zu wählen und interessante Inhalte zu vermitteln. In meiner Volksschulzeit haben wir beispielsweise Sagen aus der mittelalterlichen Steiermark behandelt. Wichtig ist es, den Unterricht nicht zu einseitig werden zu lassen und auf die Wünsche der Kinder einzugehen. Fantasie ist bei Kindern und Jugendlichen oft sogar mehr als genug vorhanden, um Gedichte oder Geschichten, die als Diskussionsgrundlage dienen können, sinngemäß zu erfassen. Bei Diskussionen ist jedoch darauf zu achten, dass niemand verletzt oder kritisiert wird. Große Gruppen sind oft auch einschüchternd und werden mit Angst erlebt. Im diskursiven Gespräch mit anderen kann für Kinder sichtbar werden, dass eine intensivere Auseinandersetzung mit einer Materie sehr sinnvoll sein kann. Das Lesen von Texten kann plötzlich interessant werden, gemeinsame Projekte werden durchgeführt und der Forscherdrang wird geweckt.

1.5.7 Praktisches Philosophieren mit Kindern

Es ist nicht mein Ziel, im Rahmen dieses Essays spezielle Workshop-Inhalte, Spiele, Texte oder Themen vorzustellen, die sich für das praktische Philosophieren mit Kindern besonders gut eignen. Zu diesem Zweck gibt es bereits Arbeitsbücher, die speziell auf Kinderphilosophie ausgerichtet sind. Diese bieten zahlreiche Orientierungshilfen, um ein passendes philosophisches Thema für Kinder auszuwählen. Es wäre jedoch auch vorstellbar, die Kinder direkt zu fragen, über welches Thema sie beispielsweise einen philosophischen Workshop gestalten möchten. Auf jeden Fall sollte ein solches Projekt auf die Sprach- und Denkentwicklung abzielen, um von den Kindern auch erfolgreich angenommen zu werden. Wichtig wäre auch das direkte Feedback nach dem Projekt, um zu erfahren, wo noch Schwachstellen zu finden sind. Auch Erwachsene können noch von

Kindern lernen und sollten sie deshalb zur aktiven Mitarbeit einladen. Ich denke deshalb, es wäre eine gute Idee, den Kindern selbst die Suche nach einem passenden Thema und dessen Exploration zu überlassen.

»Kinder und Jugendliche erleben Freude, Dinge selbst zu entdecken und im Austausch mit anderen gemeinsam Fragen aufzuwerfen und schließlich Lösungen und Antworten zu finden. Es bildet sich eine ›community of inquiry‹ (Forschungsgemeinschaft).«[16]

An dieser Stelle möchte ich erwähnen, dass ich zum Thema »Kinderphilosophie« ein Interview mit Frau Dr. Daniela Camhy führen konnte. Sie ist weithin die wichtigste Ansprechpartnerin für Kinderphilosophie in Österreich. Frau Dr. Camhy wies in unserem Gespräch auf eigens entwickelte Kinderbücher hin, die an die Denk- und Sprachwelt von Kindern angepasst sind. Der mir vorliegende Kongressband des 5. Internationalen Kongresses für Kinderphilosophie[17] bietet allerdings eine speziell wissenschaftliche Darlegung des Forschungsfeldes.

»Der beste Weg in Richtung einer ›community of inquiry‹ wäre es, Modelle zu entwerfen, die die Brücke zwischen theoretischen Erklärungen und praktischen Erfahrungen schlagen können.«[18]

In unserem Gespräch sagte Frau Dr. Camhy: »Nur aktives Philosophieren mit Kindern bedeutet Kinderphilosophie.«[19] Der Begriff »Kinderphilosophie« ist also

---

16 Homepage der Österreichischen Gesellschaft für Kinderphilosophie. URL: http://www.kinderphilosophie.at/ (Abrufdatum: 22.05.2007).
17 Camhy, Daniela (Hrsg.): Das philosophische Denken von Kindern. Kongressband des 5. Internationalen Kongresses für Kinderphilosophie in Graz 1992. Sankt Augustin: Academia Verlag 1994.
18 Palsson, Hreinn. In: Camhy, Daniela (Hrsg.): Das philosophische Denken von Kindern. Kongressband des 5. Internationalen Kongresses für Kinderphilosophie in Graz 1992. Sankt Augustin: Academia Verlag 1994. S. 353.
19 Aussage von Frau Dr. Daniela Camhy in einem unveröffentlichten Interview mit dem Verfasser dieses Essays (Ronald Kern).

sehr eng gefasst. Deshalb habe ich im vorliegenden Essay versucht, neben dem Philosophieren mit Kindern auch andere Methoden vorzustellen, die zur Denkentwicklung beitragen können.

In unserem Gespräch ging Frau Dr. Camhy auch auf neuere technische Methoden in der Gehirnforschung ein, z. B. die MRT (Magnetresonanztomographie) als eine Möglichkeit, kognitive Prozesse bei Kindern sichtbar zu machen. In Bezug auf meine Frage nach den gedanklichen Inseln bei Kindern und Jugendlichen sagte Frau Dr. Camhy, jedes Kind habe eine eigene Persönlichkeit und sei ein eigenes Individuum. Sie bekämpfe Vorurteile, denn alle Kinder seien anders. Philosophieren mit Kindern bedeute, die Gedanken der Kinder zu fördern und auch ihre Reflexionsfähigkeit zu stärken. Grundlegend seien sokratische Fragestellungen, man müsse immer offene Fragen stellen.[20]

1.5.8 Kreatives Schreiben

Beim Verfassen von Gedichten oder Geschichten können Kinder und Jugendliche ihre Kreativität entfalten und einen eigenen sprachlichen Ausdruck für ihre Gedanken finden. Selbst verfasste Texte eignen sich auch als Diskussionsgrundlage, um in philosophischen Gesprächskreisen mit Kindern oder Jugendlichen bestimmte Themen zu besprechen.

Beispielgedicht von Elisabeth Tropper, geb. 1984, Graz:

»Zukunft

Ich schaue in den Spiegel
und sehe mich, wie ich jetzt bin,

---

20 Indirekte Wiedergabe einer Aussage von Frau Dr. Daniela Camhy in einem Interview mit dem Verfasser dieses Essays (Ronald Kern).

in dieser Sekunde.
Vielleicht bin ich unzufrieden,
vielleicht glücklich.
Doch ich weiß,
nur der Moment zählt.
Denn von einer Sekunde auf die andere
ist es vorbei.
Und alles, was danach ist,
wird Zukunft sein.
Was ist Zukunft dann?
Etwas, das kommt
und doch immer da ist?
Ein Begriff, unfassbar
und gleichzeitig Wirklichkeit?
Ich weiß es nicht.
Ein Wort, das jeder kennt
und doch keiner versteht.
Es gibt Zufall und Absicht,
aber wo ist der Unterschied?
Was wird geschehen?
Vielleicht ist es gut,
dass wir unser Schicksal nicht kennen.
Wir würden versuchen,
es zu ändern.
Doch die Zukunft lässt sich nicht beirren.
Alles kommt,
wie es kommen muss.
Wir können nichts dagegen tun.
Die Zukunft kann grausam sein,
aber auch schön.
Vergangenheit ebenso.
Sind die beiden dann nicht identisch?
Ich glaube schon.

Denn Vergangenheit war einmal Zukunft,
und Zukunft wird irgendwann Vergangenheit
sein.
So ist es auch,
wenn ich in den Spiegel schaue.
Die Narben der Vergangenheit
werde ich in ferner Zukunft noch sehen.
Zukunft.
Welch ein Wort.
Groß. Drohend. Unvorhersehbar.
Doch ich habe keine Angst.
Denn alles kommt,
wie es kommen muss.
Ich kann sowieso nichts dagegen tun.«[21]

Der Text »Zukunft« von Elisabeth Tropper transportiert das Gefühl der Ohnmacht gegenüber dem Leben aus der Perspektive eines jungen Menschen. Deutlich kommt das Grundgefühl zum Ausdruck, nichts tun und nichts verändern zu können. Das Gedicht beinhaltet einen philosophischen Blick auf die Zeit, indem es den Zusammenhang von Vergangenheit, Gegenwart und Zukunft thematisiert.

Die Liebe oder die Idee der Autorin scheint sehr erkaltet zu sein. Ratlosigkeit (beim Blick in den Spiegel) wird beschrieben. Erwähnenswert ist der Versuch, dichterisch zu arbeiten, was bereits an der Form sichtbar wird. Der Text ist sehr interessant, weil er einfach strukturiert ist und das Selbstverständnis von jungen Menschen anspricht. Jugendliche scheinen die Tendenz zu haben, »kalt« mit »cool« und »warm« bzw. »liebenswert« mit »uncool« zu assoziieren.

Wenn man jung ist, vergeht die Zeit sehr langsam, weil unser Schulsystem über

---

21 Tropper, Elisabeth: Zukunft. In: Ich träume von morgen. Hrsg. v. Verein Jugend-Literatur-Werkstatt Graz/Arbeitsgemeinschaft Jugend gegen Gewalt, Rechtsextremismus und Ausländerfeindlichkeit. Graz 1997. S. 97 f.

Jahre hinweg immer gleich operiert. Man trifft immer dieselben Leute und der Alltag bleibt unverändert. Abwechslung wird deshalb meist sehr intensiv erlebt und gewünscht. Ambivalenz wird als etwas Gewolltes dargestellt, Ideenlosigkeit ist aber trotzdem spürbar. Diese Art von Widerspruch wird ins Zentrum des oben zitierten Gedichts gestellt, aber nicht aufgelöst. Welche Probleme die Autorin konkret hat, bleibt ebenfalls offen. Man lernt die Autorin und ihr privates Leben nicht kennen, man erfährt jedoch etwas über ihre Gedanken zum Thema »Zeit« und über ihre Sicht auf die Zukunft.

Die Sprache ist sehr überlegt und abwägend. Trotzdem ist das Gedicht lesenswert und gibt uns einen, vielleicht verstellten, Einblick in die Ideenwelt der Autorin. Das Gedicht stellt einen Versuch dar, die teils naive Welt des Kindes oder der Jugendlichen auf eine reife, erwachsenenwürdige Stufe zu stellen. Man schließt die Autorin aber, trotz der scheinbaren Abgeklärtheit, ins Herz, eben weil die Autorin Fühlen offenbar nicht zulassen kann.

1.6 Ziele der Kinderphilosophie

Beim gemeinsamen praktischen Philosophieren werden Kinder auf vielfältige Weise gefördert:

> »Da es beim Philosophieren um das Klären von Gedanken, um Diskussions- und Argumentationsfähigkeit (klares Ausdrücken, deutliches Formulieren, folgerichtiges – logisches Denken), um das Bewusstwerden von Sprache überhaupt, um Dialogfähigkeit, um Meinungs- und Erfahrungsaustausch geht, ist das gemeinsame Philosophieren ein wesentliches Mittel, um wechselseitigen Respekt, Offenheit und Toleranz zu fördern.«[22]

22 Homepage der Österreichischen Gesellschaft für Kinderphilosophie. URL: http://www.kinderphilosophie.at/ (Abrufdatum: 22.05.2007).

Die nachfolgend aufgelisteten Ziele der Kinder- und Jugendphilosophie sind der Homepage der Österreichischen Gesellschaft für Kinderphilosophie[23] entnommen:

☐ Verbesserung der Sprach- und Denkentwicklung
☐ Entfaltung der Kreativität
☐ Förderung der persönlichen und sozialen Entwicklung
☐ Förderung des selbstständigen Denkens (z. B. Begründen, Schlussfolgern, Planen, Erkennen von Voraussetzungen, Abschätzen von Konsequenzen usw.)
☐ Förderung der Persönlichkeitsentwicklung und der Herausbildung von sozialen Fähigkeiten
☐ Auseinandersetzung mit kultureller Vielfalt
☐ Vorbereitung der Kinder und Jugendlichen auf die Auseinandersetzung mit der Wirklichkeit
☐ aktiver Beitrag zur Erhaltung des Friedens und der Demokratie
☐ gewaltlose Konfliktlösung
☐ kritische Urteilsbildung

1.7 Eigene Meinung und Reflexion

Obgleich ich keine formale Ausbildung zum Lehrer oder Psychologen habe, so ist mein Zugang zu therapeutischen Konzepten doch auch ein professioneller. Ich bin »Survivor« der Psychiatrie und war schon in unterschiedlichen Einrichtungen als Patient, unter anderem im LKH Graz, LSF Graz, AKH Wien und in der Tagesklinik Granatengasse. Zusätzlich habe ich schon einiges an extramuraler Psychotherapie gemacht. Ich war z. B. ein Jahr zwei- bis dreimal die Woche in

---

23 Homepage der Österreichischen Gesellschaft für Kinderphilosophie. URL: http://www.kinderphilosophie.at/ (Abrufdatum: 22.05.2007).

einer analytischen Psychotherapie, konnte meinen eigenen Zugang zu meiner psychotischen Erkrankung reflektieren und meine introspektive Begabung entdecken. Zusätzlich zum Einzelsetting konnte ich auch unterschiedliche Erfahrungen im Gruppensetting machen. Da besonders die erste Phase der Erkrankungen im schizophrenen Spektrum sehr entkräftend und katastrophal ist, bin ich auch zu weiten Teilen mit Suizidgedanken vertraut. Ich stehe nun schon seit 2002 unter dauernder Medikation. Seit September 2006 schreibe ich ein Patiententagebuch, das mir bei der Aufarbeitung meiner Probleme hilft. Da ich auf brutale Weise zur Psychiatrie gekommen bin, interessiere ich mich schon länger für Präventionskonzepte und habe auf diese Weise einen Zugang zu diesem Thema entwickelt. Ich bin in weiterer Folge von meinem Studium (Betriebswirtschaft und Sinologie) abgekommen und in die Materie »Medizin, Psychologie, Psychotherapie« eingestiegen. Leider konnte ich von meinem Erststudium nicht wirklich profitieren, ich bin auch nicht mehr in der Lage, nach China zu fliegen. Schließlich habe ich mein Interesse für Psychotherapie sondiert und mir überlegt, ob ich eine weitere Ausbildung machen möchte. Der Kurs »Krisen- und Suizidprävention für Kinder und Jugendliche«, den ich an der Universität Graz im Sommersemester 2007 besucht habe, hat mir dabei sehr geholfen und ich fand unsere Diskussionen toll. Alles in allem habe ich in den einzelnen Modulen viel gelernt und die intensive Beschäftigung mit der Thematik hat mich sehr gestärkt.

Die Beschäftigung mit dem Thema »Kinderphilosophie« hat meine bisher erworbene Bildung gut ergänzt. Ich konnte meine eigenen Erinnerungen aufspüren und zusätzlich konnte ich mich in der kurzen Zeit auch weiterbilden.

Ich habe keine professionellen Vorerfahrungen im Kinder- und Jugendbereich, weswegen ich für diesen Essay einen theoretisch-reflexiven Zugang mit eigenständiger Analysearbeit gewählt habe. Ich konnte meine eigenen Erlebnisse als Kind und als Jugendlicher überdenken und das Phänomen meiner Vereinsamung während der Jugendzeit in einen theoretischen Zusammenhang stellen, z. B. im Kapitel über Tagträume. Vereinsamung war in meinem Fall nur teilweise spürbar, das hat sich dann während eines sechsmonatigen Studienaufenthalts in Peking zugespitzt. Ich hatte zwar immer Freunde, war aber später, im Gegensatz zu meiner Kindheit, einfach niemals mehr wirklich glücklich. Ich bin jetzt schon seit dem Ausbruch meiner Erkrankung 2002 nicht mehr symptomfrei, der

Leidensdruck hat aber sehr stark abgenommen, das heißt, ich bin heute sehr stabil.

Ich konnte meine Begeisterung für das Thema »Kinderphilosophie« zu einem Gutteil in meiner schriftlichen Arbeit umsetzen und war auch beim Diskutieren im Kurs »Krisen- und Suizidprävention für Kinder und Jugendliche« sehr aktiv. Dieses besondere Interesse erkauft man sich meistens teuer mit psychischen Schmerzen. Ich hätte alles dafür gegeben, in meiner Jugend oder im frühen Erwachsenenalter aufgefangen zu werden, und somit hätte man den Ausbruch der Krankheit möglicherweise verhindern können. Die Ärzte meinen zwar immer, diese Krisen seien nur vorübergehend, doch dreht sich jahrelang täglich alles um dieses Thema. Es lässt einen nicht mehr los und man wird mit den Jahren über diesen Umweg dann meistens doch ein Experte mit einer Bandbreite an eigenen Meinungen und einem reflexiven Verständnis für die Materie.

Über das Thema »Kinderphilosophie« zu schreiben, hat mir sehr viel Spaß gemacht. Ich wollte unbedingt ein »softeres« Thema bearbeiten. Ursprünglich hatte ich vor, ohne den Umweg über Konzepte und Theorien herauszufinden, welche Gedanken Kinder haben. Diese Idee hat sich aber schnell für mich als ein Ding der Unmöglichkeit herausgestellt (vor allem aufgrund der Recherchesituation).

Es war mir beim Verfassen dieses Essays wichtig, meine eigene Linie zu finden und einen stimmigen Beitrag zum Thema zu leisten. Direkt aus der Literatur Übernommenes ist mit Fußnote und Quellennachweis gekennzeichnet. Weiterführende Erklärungen und Ideen habe ich mir selbst erarbeitet.

Ich habe, wie man sich anhand meiner Anamnese vielleicht vorstellen kann, sehr viel Erfahrung mit Krisen- und Suizidgedanken, wollte aber auch die Modelle der Kinder- und Jugendarbeit in meine Forschungen einbinden. Ich bin kein Lehrer oder Jugendtherapeut, weshalb ich auf diesem Gebiet keine Erfahrungen habe und mich mit diesem Thema gerne näher beschäftigen wollte. Viele meiner Ideen und Erklärungen sind von meiner eigenen Situation inspiriert und reflektieren somit die Erfahrungen eines spätjugendlichen Psychiatriepatienten.

Beispiele für typische (philosophische) Gedanken von Kindern konnte ich nicht in Erfahrung bringen, auch mein Interview mit Frau Dr. Daniela Camhy konnte mir diesbezüglich nicht weiterhelfen. Das Aussuchen von passenden Spielen oder Themen für philosophische Gesprächskreise stellte sich für mich als unmöglich dar, weil ich mich nicht in einer Situation befinde, die mir das praktische Philosophieren mit Jugendlichen erlaubt. Meine Ideen zum Thema »Kinderphilosophie« sollen Anregungen bieten, geeignete Modelle zu explorieren und möglicherweise innovative Programme oder Konzepte zu entwickeln. Vor allem sind es unsere Lehrer, die eine große Verantwortung tragen, um die jungen Leute mit einem Spürsinn fürs Nachdenken auszustatten.

Ich möchte mich hiermit herzlich beim Team des UK »Krisen- und Suizidprävention für Kinder und Jugendliche« bedanken. Ich fand den Inhalt des Kurses sehr gut vermittelt und sehr lehrreich. Ich habe auch in meiner speziellen Situation sehr stark von den Teilnehmern und den Vortragenden profitieren können.

1.8 Literatur

Cam, Philip: Zusammen nachdenken. Philosophische Fragestellungen für Kinder und Jugendliche. Eine praktische Einführung. Mülheim an der Ruhr: Verlag an der Ruhr 1996.
Camhy, Daniela (Hrsg.): Das philosophische Denken von Kindern. Kongressband des 5. Internationalen Kongresses für Kinderphilosophie in Graz 1992. Sankt Augustin: Academia Verlag 1994.
Duden: Das Fremdwörterbuch. Mannheim u. a.: Dudenverlag 1997.
Graf, Bettina: Reisen und seelische Gesundheit. Erfahrungs(t)räume zwischen Autonomie und Geborgenheit. München, Wien: Profil Verlag 2002.
Grossmann, Klaus E. / Grossmann, Karin: Die Bedeutung der ersten Lebensjahre für die Persönlichkeitsentwicklung – Ergebnisse der Bindungsforschung. Homepage Deutsche Liga für das Kind. URL: http://liga-kind.de/fk-401-grossmann/ (Abrufdatum: 14.10.2015).
Homepage der Österreichischen Gesellschaft für Kinderphilosophie. URL: http://www.kinderphilosophie.at/ (Abrufdatum: 22.05.2007).

Trapmann, Hilde/Rotthaus, Wilhelm: Auffälliges Verhalten im Kindesalter. Handbuch für Eltern und Erzieher. Band 1. Dortmund: Verlag modernes Lernen 1970/2003.

Tropper, Elisabeth: Zukunft. In: Ich träume von morgen. Hrsg. v. Verein Jugend-Literatur-Werkstatt Graz/Arbeitsgemeinschaft Jugend gegen Gewalt, Rechts-extremismus und Ausländerfeindlichkeit. Graz 1997. S. 97 f.

2 Vaterentbehrung

[Überarbeitete Fassung einer Seminararbeit, die im Rahmen des UK »Interkulturelle Elternbegleitung« (15.09.2008, Leitung: Annette Sprung) entstanden ist.]

2.1 Einleitung

Was die Bedeutung eines Menschen ausmacht, erkennt man leider oft erst, wenn der Kontakt zu ihm abgebrochen ist. Schwerwiegende Konsequenzen kann dies insbesondere für Kinder haben, die von einem Elternteil getrennt sind. Physische oder psychische Abwesenheit von kürzerer oder längerer Dauer, aber auch mangelnde Rollenerfüllung können Ursachen dafür sein, dass Kinder ihren Vater entbehren müssen.[24] Vaterlosigkeit (im Sinne eines Aufwachsens ohne Vater) kann für ein Kind eine große seelische Belastung darstellen.

Der Begriff »Vaterentbehrung« wurde von Horst Petri in die Fachliteratur eingeführt[25] und ist treffender als die Bezeichnung »Vaterlosigkeit«, weil jeder Mensch einen (biologischen) Vater hat.

Gründe für einen mangelnden Kontakt zwischen Vater und Kind können sein: Tod des Vaters durch Erkrankung, Suizid, Unfall, kriegerische Ereignisse, die temporäre oder dauernde Trennung der Eltern durch Scheidung, eine Haftstrafe oder einen beruflichen Auslandsaufenthalt des Vaters. Ebenso spielen psychische

---

24 Vgl. Erhard, Rotraut/Janig, Herbert: Folgen von Vaterentbehrung. Eine Literaturstudie. Hrsg. v. Bundesministerium für soziale Sicherheit, Generationen und Konsumentenschutz. Wien, Klagenfurt 2003. S. 4.

25 Vgl. Erhard/Janig (2003), S. 7. Dort der Verweis auf: Petri, Horst: Das Drama der Vaterentbehrung. Chaos der Gefühle – Kräfte der Heilung. Freiburg: Herder 1999.

Konflikte eine Rolle, etwa bei einer ungenügenden väterlichen Rollenerfüllung aufgrund einer psychischen Erkrankung, einer bestehenden Drogenabhängigkeit oder einer Misshandlungsbereitschaft seitens des Vaters.[26]

Für viele Menschen ist das väterliche Rollenbild unklar. Allerdings ist nicht zu bestreiten, dass mit der Zeugung eines Kindes auch eine Verpflichtung verbunden ist. Die Auswirkungen der Vaterentbehrung auf ein Kind können schwer abgegrenzt und sichtbar gemacht werden. Den eigenen Vater entbehren zu müssen, stellt viele Kinder vor unlösbare Probleme. Durch Einsamkeit, Liebesentzug und ein Fehlen von Vorbildern werden viele Jugendliche an den Rand der Gesellschaft gedrängt und in der Entwicklung ihrer Persönlichkeit beeinträchtigt. Vaterentbehrung führt jedoch nicht zwangsläufig zu einer psychischen Erkrankung oder gar zu einer kriminellen Biografie.

Im Folgenden werde ich das Problem der Vaterentbehrung besonders unter dem Aspekt Psychotherapie und seelische Erkrankungen beleuchten. Darüber hinaus werde ich (internationale) Forschungsergebnisse vorstellen, die mir im Hinblick auf die Vaterentbehrungsthematik erwähnenswert erscheinen. Eine wichtige Quelle für diesen Essay stellte die 2003 erschienene Literaturstudie von Rotraut Erhard und Herbert Janig zum Thema »Vaterentbehrung« dar, auf die ich an zahlreichen Stellen Bezug nehmen werde.

2.2 Psychische Abwesenheit des Vaters in bäuerlichen Familien

In bäuerlichen Familien sind die Väter ständig physisch anwesend, haben jedoch kaum Zeit, sich mit ihren Kindern zu beschäftigen. Kosche[27] untersuchte in den

---

26 Vgl. Erhard/Janig (2003), S. 7.
27 Vgl. Erhard/Janig (2003), S. 7. Dort der Verweis auf: Kosche, W.: Die Selbstverwirklichung des Jungbauern im Generationenkonflikt der bäuerlichen Familie bei An- und Abwesenheit des Vaters. Unveröffentlichte Dissertation, Universität Salzburg 1978.

1970er Jahren das Verhältnis von Vätern und Söhnen in bäuerlichen Familien. Seiner Studie zufolge zeigt sich, dass die psychische Abwesenheit von Vätern, die sich nur um ihren Betrieb kümmern, negative Auswirkungen auf die Selbstverwirklichungsbestrebungen ihrer Söhne hat. Nach Kosche zeigen die Söhne eine Ich-Schwäche und eine fehlende Leitbildorientierung, was eine reduzierte Persönlichkeitsentwicklung bedeutet.

Meiner Meinung nach könnte man dieses Ergebnis auch grobflächig auf ärmere Schichten in unserer Gesellschaft sowie auf Familien in den Entwicklungsländern beziehen. Arme Menschen und Menschen in den südlichen Entwicklungsländern müssen täglich harte körperliche Arbeit verrichten und sind weit entfernt von einem Arbeitsleben, wie wir es in unserer modernen Dienstleistungs- und Informationsgesellschaft kennen. Diese Menschen haben oft schlichtweg keine Ressourcen, eine »psychische Familienarbeit« zu leisten.

Viele Väter wiederholen das Verhalten, welches ihre Elterngeneration ihnen vorlebte, und haben nicht mehr psychische Ressourcen zur Verfügung als ihre eigenen Väter. Dies kann dazu führen, dass eine traumatische Situation in der Familie entsteht, die irgendwann eskaliert, weil niemand mehr »kann«.

Ich persönlich finde das ländliche Leben völlig in Ordnung, solange niemandem die Verwirklichung der eigenen Wünsche und Träume verwehrt wird. Sollte dies der Fall sein, müssten die betroffenen Kinder eigene Schritte in die Emanzipation tun und sich unter Umständen von ihrer Familie abwenden.

Ich argumentiere gerne mit dem Begriff der »Familienseele«, die alle Familienmitglieder eint. Diese Bindungskraft ist sehr stark und kann einer reduzierten Persönlichkeitsentwicklung, wie sie Kosche in seiner oben erwähnten Studie beschreibt, entgegenwirken. »Familienseele« bedeutet auch ein Ausgrenzen von fremden Personen oder Ideen bzw. ein Abgleichen der eigenen Tradition nach außen. Da ich immer sehr um Schutz bemüht bin, habe ich hier versucht, den Begriff der »Familienseele« hilfreich in die Thematik einzubauen. Es gibt auf dieser Welt zu viele Menschen, die sich und ihre Familie nicht verteidigen können oder ihre Ressourcen auf andere Art verbrauchen.

Noch erwähnenswert wäre das Untersuchungsdesign der bereits genannten Studie Kosches. Hier wurde speziell die Vater-Sohn-Beziehung in bäuerlichen Familien untersucht, was mich zu einer neuen Frage ermutigt: Gibt es eine spezielle

Vater-Sohn-Bindung, an der weibliche Formen abprallen? Mütter sind in vielen bäuerlichen Familien weniger in die Arbeit eingebunden als Väter und damit präsenter für ihre Kinder. Welche Rolle spielen die bäuerlichen Mütter für die Persönlichkeitsentwicklung ihrer Söhne?

In bäuerlichen Haushalten misslingen offensichtlich Vater-Sohn-Beziehungen. Der Vater steht für Tradition, der Sohn gibt dem Vater die Schuld für die eigene Ich-Schwäche und kommt aus seiner psychischen Ohnmacht nur schwer heraus. Es wäre daher wichtig, die betroffenen Kinder frühzeitig aufzufangen und ihnen Perspektiven zu bieten.

In Österreich gibt es eine Schulpflicht von neun Jahren, in anderen Ländern stehen die Dinge oft nicht so gut. Immer wieder wird mehr Bildung gefordert, um zu verhindern, dass es in ärmeren Schichten oder Gesellschaften (auch außerhalb Europas) zu jungen »Verlierern« kommt. Hier könnte man z. B. Schulförderprojekte durchführen.

2.3 Der »kalte« Vater

Laut Kagerer[28] (1998) gibt es einen Vatertypus, der sich als kompromisslos, kalt, angsteinflößend und unerreichbar charakterisieren lässt. Kagerer bringt diesen Vatertypus auch mit einer Glücksspielproblematik in Verbindung.

Meiner Meinung nach kann es für ein Kind zwei Alternativen geben, um dieser Form der (psychischen) Vaterentbehrung zu begegnen. Entweder wendet sich das Kind im Jugend- bzw. Erwachsenenalter von väterlichen Rollenbildern ab und bricht mit der erkalteten Familienseele oder es orientiert sich weiterhin an der Herkunftsfamilie und bleibt erkaltet.

Was »Glück« für eine Person bedeutet, kann von Mensch zu Mensch und von

---

28 Vgl. Erhard/Janig (2003), S. 8. Dort der Verweis auf: Kagerer, P.: Zur Vater-Sohn-Problematik bei Glücksspielsüchtigen. In: Fuechtenschnieder, I./Witt, H. (Hrsg.): Sehnsucht nach dem Glück. Geesthacht: Neuland 1998. S. 34–48.

Kind zu Kind verschieden sein. Ich persönlich habe das Gefühl, dass die Vorstellungen bei Erwachsenen stärker auseinanderfallen, was sich aber wiederum auf die Kindheit zurückführen lässt.

Ich bin der Meinung, dass Kinder eine gewisse Struktur und Rigidität in Form von elterlicher Erziehung brauchen, um ihre Persönlichkeit zu entfalten. Aber ohne Lichtblicke in der Kindheit scheint mir vieles auf ein »Verlieren« hinzusteuern. Ein »kalter« Vater kann Angst einflößen. Angst ist eng verbunden mit der Entwicklung von Traumata. Angst, so mein Wissen, kann aber auch Schutzfunktionen wecken. Kinder lernen oft früh, ihren Instinkt zu schärfen, und werden unter Umständen stressresistenter. Wenn Kinder unter Bedingungen aufwachsen, die sich auf ihre Entwicklung negativ auswirken, muss man jedoch klare Verhältnisse schaffen und sie unter Umständen von ihrer Familie befreien.

Es ist davon auszugehen, dass die verschiedenen Phasen der kindlichen Entwicklung, die von Psychologen und Pädagogen (etwa durch experimentelle Beobachtung) erarbeitet wurden, auch bei der Ausbildung von Fachkräften (zumindest in Österreich) eine große Rolle spielen. Dieses Wissen ist besonders wichtig, um präventiv einzuwirken und Kinder vor negativen familiären Einflüssen zu schützen.

»Schutz« ist auch ein Stichwort für Vater-Kind-Beziehungen. Geschützt werden müssen Kinder insbesondere vor gewaltbereiten Vätern. Gewaltbereitschaft kann sich durch physische oder psychische Gewalt infolge von mangelhaften psychischen Ressourcen äußern. Auch Mütter können gewalttätig werden.

Bei Kindern, die an Vaterentbehrung leiden, muss man meiner Ansicht nach auf ein partielles Fehlen von Gefühlen reagieren. Es stellt sich dabei auch die Frage, in welche Richtung Initiativen ergriffen werden sollten. Zielt man darauf ab, das Kind zu stärken, oder versucht man, die Gesamtfamiliensituation zu verändern? Beides ist zulässig, beides kann riskant sein. Wenn man sich direkt an das Kind wendet, so werden Probleme oft größer, spricht man die Eltern an, so wird das Kind oft übersehen oder die Situation kann eskalieren.

Einem Kind, das einen »kalten« Vater hat, fehlt es oft an Zuwendung und Liebe. Man kann dies etwa in Gruppenspielen auffangen, um ein Kind aus der Einsamkeit und Lethargie herauszuholen. Man operiert als Betreuer wahrscheinlich zuerst mit der Diagnose von Problemen, um sie dann zu lösen, indem man das

Kind auf andere Gedanken bringt. In vielen Fällen brauchen Kinder, die ihren Vater entbehren müssen, mehr Aufmerksamkeit. Allerdings ist die Diagnose von Vaterentbehrungsproblemen sicher sehr schwer.

Denkbar wäre auch ein anderer Fall: Das Kind hat einen liebevollen und anwesenden Vater einfach ausgeblendet und akzeptiert diesen gar nicht. Manchmal beginnen Kinder auch zu lügen und behaupten Dinge, die gar nicht stimmen. Dies kann verschiedene Ursachen haben.

Viele Kinder mit massiven Vaterentbehrungsproblemen fallen überhaupt nicht auf, man merkt ihnen ihr Problem nicht an.

Welche Probleme ein Kind mit seinem Vater hat, ist individuell sehr unterschiedlich. Typisierungen können hilfreich sein, aber auf den individuellen Fall bezogen können sie auch täuschen.

2.4 Vaterentbehrung in früheren Zeiten

Auch in der Vergangenheit kannten Kinder das Problem der Vaterentbehrung. Quantitativ dramatisch war dieses Phänomen immer zu Kriegszeiten, bei Wanderungsbewegungen und in ökonomischen Notzeiten. LaRossa[29] beschreibt die Entwicklung in den USA seit der zweiten Hälfte des 19. Jahrhunderts folgendermaßen: Viele Väter verließen ihre kleinen Höfe oder Wirtschaften, um in größeren Unternehmen Beschäftigung zu finden. Somit war oft die Frau allein verantwortlich für den Haushalt und die Kindererziehung. Der Vater war für die materielle Absicherung zuständig und konnte sich nicht mehr in gleichem Maße der Erziehung widmen.

Es ist wohl anzunehmen, dass der Vater damals nicht von geringerer Bedeutung war als heute, sondern dass er lediglich eine andere Rolle hatte. Auch Väter, die

---

29 Vgl. Erhard/Janig (2003), S. 8. Dort der Verweis auf: LaRossa (1997), zitiert nach: Cabrera N. J. et al.: Fatherhood in the Twenty-First Century. In: Child Development 71 (1), 2000, S.127–136.

z. B. mit ihren Söhnen nur arbeitsbezogene Gespräche führten und nicht über ihre Befindlichkeit, ihre Gefühle und Wünsche sprachen, haben mit ihrem Interaktions- und Erziehungsstil unsere moderne Kultur geprägt.

Man kann in der gesamten Menschheitsgeschichte auf »Vatersuche« gehen und Verschlüsseltes aufdecken, sei es in Bibeltexten oder in antiken Schriften. Jeder Mensch hat einen biologischen Vater und setzt sich mit ihm psychisch und physisch auseinander.

Schon in der griechischen Antike wurde diesem Phänomen nachgespürt. Zeus spielt in der griechischen Mythologie die Rolle des Vaters der olympischen Götter und greift auch in die Welt der Menschen ein.

Ich finde die Beschäftigung mit diesen Urformen des Vaterbildes spannend, denn sie zeigen auch, dass wir Menschen, wo auch immer wir uns befinden, väterliche Vernunft und Stärke brauchen, um uns zu entwickeln. Schwierige Beziehungen zum eigenen Vater, wie es sie schon im antiken Griechenland gab, sind oft Ausgangspunkt für diverse, oft notwendige Entwicklungsprozesse.

Vater-Sohn-Konflikte sind nicht selten, und deshalb kann diese Beziehung auch als Spielfeld und Sprungbrett hinein in die Wirklichkeit und in das soziale Leben betrachtet werden. Eine Auseinandersetzung mit dem eigenen Vater ermöglicht es, die eigene Konflikt-, Kommunikations- und Beziehungsfähigkeit zu üben und zu trainieren (dies soll aber nicht die Exklusivität dieser innerfamiliären Beziehungen in ein falsches Licht rücken).

2.5 Vaterentbehrung in der psychologischen Forschung

Eine Studie von Yamamoto[30] (1979) bestätigt die Wichtigkeit und Bedeutung der Eltern für ihre Kinder. 367 Schüler und Schülerinnen im Alter von neun bis

---

30 Vgl. Erhard/Janig (2003), S. 11 f. Dort der Verweis auf: Yamamoto, K.: Children's ratings of the stressfulness of experiences. In: Developmental Psychology 15, 1979, S. 581–582.

zwölf Jahren wurden danach gefragt, welche kritischen Lebensereignisse sie am meisten belasten würden. Bei der Einschätzung des Stresspotenzials rangiert der Elternteilverlust an erster Stelle. Darauf folgen der Verlust des Augenlichts und der Zwang, eine Klasse zu wiederholen. Beide Elternteile bei sich zu spüren, hat somit enorm protektive Effekte.

Betrachtet man die Entwicklung der psychologischen Forschung, so lässt sich ein wachsendes Interesse an der Bedeutung des Vaters feststellen.[31] Auch die Bindungsforschung befasste sich mit dieser Thematik. Die Rolle des Vaters in Bezug auf die Partnerschaftsentwicklung, die Paarbeziehung und den Übergang zur Elternschaft wurden in der psychologischen Forschung ebenfalls untersucht.

Auch für die Entwicklungspsychologie wird die Rolle des Vaters zunehmend wichtiger, insbesondere mit Bezügen zur Familienpsychologie. Im Rahmen der Familienberatung und Familienentwicklung kann man sowohl präventiv wie therapeutisch intervenieren.

In der psychoanalytischen Fachliteratur wird der Vater häufig als mächtig, aber distant charakterisiert. Das Verhältnis zwischen Vater und Kind wird meist als defizitär beschrieben, was Sensitivität und Bindung betrifft.

Wie Erhard und Janig[32] berichten, werden in den USA anhand sehr plakativer und bedrohlicher Buchtitel (wie »Crisis in America« oder »Fatherless America«) Themen wie die geringe Stabilität von Kleinfamilien und die wachsende Zahl von Alleinerzieherinnen diskutiert. Diese Phänomene der modernen Lebensgestaltung sind in industrialisierten Ländern vorherrschend.[33]

---

31 Vgl. Erhard / Janig (2003), S.11 ff. (Dort ist auch ein ausführlicher Forschungsüberblick mit weiterführenden Quellenangaben zu finden.)
32 Vgl. Erhard / Janig (2003), S. 14.
33 Vgl. zu diesem Abschnitt die Beschreibung der Forschungsgeschichte mit Quellenangaben in: Erhard / Janig (2003), S. 11 ff.

2.6 Geschlechterrollenentwicklung bei Vaterentbehrung

Forschungen haben ergeben, dass die Vaterabwesenheit ganz allgemein eine negative Wirkung auf die Fähigkeit habe, sich in heterosexuellen Beziehungen zurechtzufinden.[34] So haben Töchter geschiedener Mütter besondere Schwierigkeiten in heterosexuellen Beziehungen. Sie heiraten früher, lassen sich öfter scheiden und ehelichen Männer mit einem statistisch gesehen niedrigeren Erziehungsniveau.[35] »Töchter, deren Vater während ihrer Kindheit starb, zeigen ein anderes Verhalten. Sie heiraten Männer mit überdurchschnittlich hohem Einkommen, einem hohen Maß an Kontrolle und eingeschränkten Sozialkontakten.«[36]

Wie Erhard und Janig feststellen, weist die Forschungsliteratur immer wieder darauf hin, dass die Abwesenheit des Vaters bei Knaben zur Ausbildung einer weniger ausgeprägten männlichen Identität in Form eines männlichen Selbstkonzepts und der damit verbundenen Geschlechterrollenorientierung beiträgt.[37]

Unterschiedliche Forschungsergebnisse lassen darauf schließen, dass die jeweilige Kultur auf die Herausbildung der maskulinen Identität einen starken Einfluss nimmt.

Eventuell werden (negative) Effekte der Vaterentbehrung erst durch die Mutter vermittelt, wie dies in einer Studie aus dem Jahre 1959 berichtet wird.[38]

»Demnach behandelten Mütter ihre Söhne wie den früheren Ehemann, erwähnten diesen aber gleichzeitig in ihren Erzählungen in einer abwertenden Weise. Außerdem schlief jeder zweite aus dieser

---

34 Vgl. Erhard / Janig (2003), S.29.
35 Vgl. Erhard / Janig (2003), S.29. Dort der Verweis auf eine Studie von Hetherington und Parke (1979), zitiert nach: Fthenakis, W. E.: Väter. Band 1. Zur Psychologie der Vater-Kind-Beziehung. München 1988.
36 Erhard / Janig (2003), S.29.
37 Vgl. Erhard / Janig (2003), S. 29.
38 Vgl. Erhard / Janig (2003), S. 30. Dort der Verweis auf eine Studie von Wylie und Delgado (1959), zitiert nach: Fthenakis, W. E.: Väter. Band 1. Zur Psychologie der Vater-Kind-Beziehung. München 1988.

Stichprobe mit seiner Mutter im Bett. Diese Jungen fielen durch aggressive Verhaltensweisen und Schulschwierigkeiten auf.«[39]

Wie Erhard und Janig feststellen, warnt Thomas[40] in seiner Studie davor,»die Mutter-Sohn-Beziehung nach Verlust des Vaters überzubewerten. Männliche Verwandte (Brüder, Onkel, Großväter) können ebenso wie das soziale Umfeld (Schule, Peers, Vereine, Nachbarschaft) Vaterersatz zur Verfügung stellen. Dieser hat nachweislich kompensierende Wirkung auf Maskulinität, Selbstsicherheit, Intelligenz etc.«[41]

In einer Studie von Robin[42] findet sich eine Zusammenfassung der nordamerikanischen Literatur bis in die 1970er Jahre. Darin wird »Vaterentbehrung [...] mit Homosexualität vor allem der Söhne in Verbindung gebracht, viele Autoren sehen auch einen Zusammenhang mit frühen (heterosexuellen) Kontakten der Töchter«.[43] Vor allem vaterlose Söhne, die eng mit der Mutter verbunden sind, hätten Schwierigkeiten bei der Entwicklung eines adäquaten Sexualverhaltens.[44]

Meiner Meinung nach ist die sexuelle Entwicklung eines jungen Menschen multifaktoriell, hängt mit der Sozialisation in der Schule und der individuellen Persönlichkeit ebenso zusammen wie mit genetischen Faktoren. Wir sind alle verschie-

---

39 Erhard/Janig (2003), S. 30. Diese Äußerung bezieht sich auf eine Studie von Wylie und Delgado (1959), zitiert nach: Fthenakis, W. E.: Väter. Band 1. Zur Psychologie der Vater-Kind-Beziehung. München 1988.

40 Vgl. Erhard/Janig (2003), S. 34. Dort der Verweis auf: Thomas, A.: Untersuchungen zum Problem der vaterlosen Erziehung in ihrem Einfluß auf die psychosoziale Entwicklung des Kindes. In: Psychologische Beiträge 22, 1980, S. 27–48.

41 Erhard/Janig (2003), S. 34.

42 Vgl. Erhard/Janig (2003), S. 35. Dort der Verweis auf: Robin, M. W.: Life without father: a review of the literature. In: International Journal of Group Tensions, Vol. 1–4, 1979, S. 169–194.

43 Erhard/Janig (2003), S. 35. Mit Bezug auf: Robin, M. W.: Life without father: a review of the literature. In: International Journal of Group Tensions, Vol. 1–4, 1979, S. 169–194.

44 Vgl. Erhard/Janig (2003), S. 35.

den, wir sind alle verschieden heterosexuell, wir sind alle verschieden homosexuell. Um der Konzepte willen haben Wissenschaftler Korrelationen überprüft und sind sich wie immer nicht einig geworden. Wichtig ist, den einzelnen Menschen zu betrachten. Und wenn man als kleines Kind vaterlos aufwächst, so hat man einen Vater, von dem man träumen kann, um seine Einsamkeit zu überwinden. Für die Beratung habe ich hier keine besonderen Empfehlungen. Man muss ins Kind hineinhören und versuchen, es dem Kind rechtzumachen. Zu viel Nähe zur Mutter kann nicht immer alle Ängste und Gefühlsfluchten überdecken. Man rät zu Kompromissen und vielleicht kann man den abwesenden Vater beispielsweise im Rahmen von Familienaufstellungen positionieren. Volksschulkindern oder Kindergartenkindern mit massiven Vaterentbehrungsproblemen können entsprechende männliche Lehrer und Betreuer zur Seite gestellt werden. Die Mutter kann dazu motiviert werden, über den Vater Geschichten zu erzählen, um ihn geistig präsent zu halten, und das Kind vermag alle diese Facetten in die geschlechtliche und psychische Reifung mitzunehmen.

Ich persönlich finde gemischtgeschlechtliche Kindergärten und Schulen am besten. Bei Bedarf kann man aber auch auf eine private Einrichtung zurückgreifen, in der nur Mädchen oder nur Buben zur Schule gehen, um so gegenzusteuern.

2.7 Psychopathologie und Vaterentbehrung

Die Frage, ob ein Zusammenhang zwischen psychischen Erkrankungen und Vaterentbehrung besteht, wurde ebenfalls bereits beforscht. Klinischen Studien zufolge hat die in Frage stehende Symptomatik zumindest auch mit einer temporären, emotionalen oder physischen Abwesenheit des Vaters zu tun.[45] Wie Erhard und Janig berichten, hat Herrmann[46] in einer Studie an Patienten einer

---

45 Vgl. Erhard/Janig (2003), S. 43.
46 Vgl. Erhard/Janig (2003), S. 43. Dort der Verweis auf: Herrmann, A. P.: Das Vaterbild psychosomatisch Kranker. Berlin: Springer 1986.

psychosomatischen Beratungsstelle »die subjektive Erfahrung machen können, dass psychosomatisch Kranke häufiger als Gesunde von physisch abwesenden oder innerlich unerreichbaren Vätern berichten, ein unausgewogenes, ungeklärtes Verhältnis zu ihren Vätern haben und die Diskrepanz zwischen dem realen Vater und einem idealisierten Vater groß ist«.[47]

Des Weiteren wird eine bestimmte Art von Schlafstörungen im Kindesalter auf Vaterentbehrung zurückgeführt: Von Herzog[48] (1980) wurde das sogenannte »Erlkönig-Syndrom« bei Jungen zwischen 18 und 28 Monaten beschrieben.

»Diese litten unter nächtlichem Aufschrecken nach Albträumen (pavor nocturnus), in denen sie von Ungeheuern verfolgt und nur vom Vater gerettet werden konnten. Sie waren nicht durch die Mutter, wohl aber durch den Vater oder durch eine andere männliche Person zu beruhigen. Vor Auftreten der Symptomatik hatten die Kinder eine Trennung vom Vater erlebt und schliefen häufig bei der Mutter im Bett. Herzog spricht vom »Vaterhunger« der Buben, welche für die Bildung ihrer Identität, für ihre Separation von der Mutter und für die Modulation speziell ihrer aggressiven Triebe den Vater benötigen.«[49]

Herzogs Untersuchung zum »Erlkönig-Syndrom« unterstreicht die Wichtigkeit dieses Themas. Der Vater sollte sich möglichst früh mit seiner Rolle beschäftigen und beispielsweise auch die Vaterkarenzmöglichkeiten wahrnehmen. Jeder Junge fühlt sich offenbar schon sehr früh als männlich determiniertes Wesen und braucht einen Vater oder einen Vaterersatz in dieser wichtigen Zeit. Natürlich ist diese Idee psychoanalytisch angehaucht und auch nicht in jedem Fall zutreffend.

---

47 Erhard/Janig (2003), S. 43. Hier mit Verweis auf: Herrmann, A. P.: Das Vaterbild psychosomatisch Kranker. Berlin: Springer 1986.

48 Vgl. Erhard/Janig (2003), S. 45. Dort der Verweis auf: Herzog, J.: Sleep Disturbance and Father Hunger in 18- to 28-Month-Old Boys. In: Psychoanalytic Study on Children 35, 1980, S. 219–233.

49 Erhard/Janig (2003). S. 45.

Viele Jungen wachsen komplett ohne Vater auf, werden kerngesund und haben keine Albträume. Herzog hat jedoch anscheinend Anhaltspunkte für seine Theorie, sonst hätte er seine Untersuchung nicht veröffentlicht. Wichtig ist, dass ein Symptom erkannt wurde, und somit kann theoretisiert werden. Wenn ein Bub, egal wie alt, also Schlafstörungen hat und Albträume bekommt, kann die Ursache dafür in einem Vaterentbehrungsproblem liegen.

Wie Erhard und Janig berichten, liegen über die Väter von ängstlichen und depressiven Kindern wenige und widersprüchliche Forschungsergebnisse vor, während hingegen Väter von depressiven Erwachsenen retrospektiv übereinstimmend als emotionsarm und erhöht kontrollierend beschrieben werden[50]. »Dieses Ergebnis besagt jedoch nicht, dass diese Väter tatsächlich ein solches Persönlichkeitsprofil aufgewiesen haben. Möglicherweise tendieren depressive oder psychisch erkrankte Erwachsene zu einer erhöht pessimistischen Rückschau auf ihre Kindheit.«[51]
Ich würde hier noch generell weiter gehen und sagen, dass manche – auch gesunde – Menschen, die möglicherweise ihre Lebensziele nicht erreicht haben, ihre Vergangenheit z. B. in Therapiesitzungen schlechtreden oder sogar verteufeln. Als Erwachsener sieht man, wenn man in die Vergangenheit zurückblickt, immer zuerst die Eltern. Vieles wird im Laufe des Lebens unwichtig, aber die eigene Familie bleibt erhalten und verändert ihre Form. Zu empfehlen sind Familienstrategien wie ein Therapiesetting mit Familienangehörigen und ein gemeinsames Steuern durch Schwierigkeiten. Für Kleinkinder sind Eltern sowieso das Wichtigste, aber für Jugendliche verändert sich diese Perspektive und man beginnt zum ersten Mal, die eigene Existenz in Frage zu stellen und mit den Eltern zu hadern. Viele Menschen verlieren genau zu diesem Zeitpunkt, nämlich in der Adoleszenz, den

---

50 Vgl. Erhard/Janig (2003), S. 45. Dort der Verweis auf: Phares, V.: Psychological Adjustment, Maladjustment, and Father-Child Relationships. In: Lamb, M. E. (Hrsg.): The Role of the Father in Child Development. New York: Wiley & Sons 1997. S. 261–283.
51 Erhard/Janig (2003), S. 45.

Glauben an das eigene Wohlergehen und sehen ihre Eltern als zu beschützend an. Das Vertrauen in die Eltern kann dann grundlegend zerstört werden und somit später retrospektiv immer als etwas »Nichterfülltes« angesehen werden. Der Pakt mit den eigenen Eltern sollte möglichst früh erprobt werden, damit später keine negativen Auswirkungen auftreten. Es ist verständlich, dass für viele Menschen, die an einer Krankheit leiden, ein »Erproben« nicht mehr ausreicht und tatsächlich Schuldzuweisungen und Streit vorprogrammiert sind.

Streit und Unmut können ganze Familien zerstören und das Leben von jungen Menschen auf eine schiefe Bahn lenken. Deshalb findet sich in der Studie von Erhard und Janig auch die These, dass die Abwesenheit des Vaters bei sozial ungünstigen Lebensbedingungen unter Umständen eine protektive Wirkung zu haben scheint.[52] Dies mutet drastisch an und wird nicht weiter erläutert, verwiesen wird auf eine Studie von Bodenmann[53]. Somit wäre es nicht in jedem Fall erstrebenswert, sich gemeinsam »durchs Leben zu schlagen«, zumal wenn die Anwesenheit des Vaters die Entwicklung des Kindes beeinträchtigt.

Erhard und Janig kommen zu dem Schluss, dass die Auswirkungen von Vaterentbehrung – vor allem der psychischen – auf die spätere psychische Gesundheit möglicherweise insgesamt unterschätzt werden.[54]

2.8 Partielle Abwesenheit des Vaters

Shulman[55] kommt auf Grundlage von zwei empirischen Untersuchungen in Israel zu dem Ergebnis, dass Väter zwar weniger Zeit mit ihren heranwachsenden

---

52 Erhard/Janig (2003), S. 48.
53 Vgl. Erhard/Janig (2003), S. 48. Dort der Verweis auf: Bodenmann, G.: Die Bedeutung von Stress für die Familienentwicklung. In: Rollett, B./Werneck, H. (Hrsg.): Klinische Entwicklungspsychologie der Familie. Göttingen: Hogrefe 2002. S. 243–265.
54 Vgl. Erhard/Janig, S. 48.
55 Vgl. Erhard/Janig (2003), S. 110. Dort der Verweis auf: Shulman, S.: Der Beitrag

Kindern verbringen als Mütter, Jugendliche aber mit der Rolle, die der Vater in ihrem Leben spielt, zufrieden sind. In der Phase der Loslösung würden die Jugendlichen ein entferntes Vorbild benötigen. Der Vater würde Loslösung und Individuation unterstützen und sei Vorbild für nachfolgende Entwicklungsziele, wie etwa das Eheleben.

Viele Beziehungen scheinen nach außen vollständig zu sein, sind es aber nach innen nicht. Es gibt Väter, die sich immer wieder für einige Zeit zurückziehen, weil es ihrem Charakter oder ihrem »Wesen« entspricht. Dies könnte einen protektiven Faktor haben und erklären, warum ein solches Verhalten von Familie zu Familie und von Generation zu Generation weitergegeben wird. Untersuchen müsste man auch die Auswirkungen der partiellen Abwesenheit des Vaters auf Töchter und Söhne im Vergleich. Söhne identifizieren sich unter Umständen mit ihren partiell abwesenden Vätern und Töchter driften aus dem Familienkreis ab.

Erhard und Janig zufolge befassen sich Mboya und Nesengani[56] in einer Studie mit der schulischen Leistung von Jugendlichen in Südafrika, deren Väter berufsbedingt abwesend sind:

> »In den ländlichen Regionen des afrikanischen Homelands übersteigt die Rate der erwachsenen Männer, die berufsbedingt von zu Hause abwesend sind, die 50-%-Marke. Schulpsychologen und Lehrer haben wegen der Abwesenheit der Väter und der dadurch bewirkten schlechten Schulleistungen ihrer Kinder ihre Besorgnis ausgedrückt.«[57]

Aufgrund der Leistungstests der südafrikanischen Jugendlichen folgerten die Autoren, »dass die Anwesenheit beider Elternteile die schulische Leistungsfähig-

von Vätern zum Individuationsprozess in der Adoleszenz. In: Praxis der Kinderpsychologie und Kinderpsychiatrie 46 (5), 1997, S. 321–337.

56 Vgl. Erhard / Janig (2003), S. 112. Dort der Verweis auf: Mboya, M. M. / Nesengani, R. I.: Migrant Labor in South Africa. A comparative analysis of the academic achievement of father-present and father-absent adolescents. In: Adolescence 34 (136), 1999, S. 763–767.

57 Erhard / Janig (2003), S. 112.

keit ihrer Kinder fördert und daher die Arbeitsbedingungen männlicher Erwachsener genauer untersucht und verbessert werden«[58] sollten.

Man muss also, um den Kindern und Jugendlichen zu helfen, die berufliche Situation der Väter verbessern, um zu erreichen, dass der Vater wieder voll präsent im Familienleben steht.

Die Krise in Afrika wird meiner Ansicht nach weiter verschärft durch das Thema HIV/Aids. Die Literatur sieht hier keine Anknüpfungspunkte, ich führe dies aber der Vollständigkeit halber an. Ein (physisch und psychisch) anwesender Vater kann eine Volkswirtschaft leistungsfähiger machen. Der Zusammenhang zwischen Arbeitslosigkeit, schulischen Leistungen und HIV/Aids ist wahrscheinlich nirgendwo sonst so drastisch wie in Südafrika. Der Armut muss mit allen Mitteln gegengesteuert werden, niemand darf dabei auf der Strecke bleiben. Vor allem Jugendliche sind gefährdet, unterzugehen, in Kriminalität abzudriften und/oder krank zu werden. Hier verschärfen sich die Fronten, weil die Berufstätigkeit der Väter immer wirtschaftspolitische Fragen mit sich bringt. In Einzelfällen kann man mit männlichen Hauslehrern und globalen Maßnahmen zur Förderung der Schulkinder helfen.

2.9 Vaterentbehrung während und nach dem Bosnienkrieg

Im Rahmen einer Studie haben Zvizdic und Butollo[59] mittels Fragebogen drei Jahre nach Ende des Bosnienkrieges, der von 1992 bis 1995 dauerte, depressive Reaktionen bei 816 Adoleszenten im Alter von 10 bis 15 Jahren erhoben:

---

58 Erhard/Janig (2003), S. 113. Dort mit Bezug auf die Studie: Mboya, M. M./Nesengani, R. I.: Migrant Labor in South Africa. A comparative analysis of the academic achievement of father-present and father-absent adolescents. In: Adolescence 34 (136), 1999, S. 763–767.

59 Vgl. Erhard/Janig (2003), S. 139–140. Dort der Verweis auf: Zvizdic, S./Butollo,

»Sie vergleichen vier Gruppen: ›vermisster Vater‹, ›vorübergehende Trennung vom Vater‹, ›verstorbener Vater‹ und Kontrollgruppe. Die Ergebnisse zeigen, dass die Gruppe mit den vermissten Vätern die am meisten traumatisierte ist. Diese Gruppe war nämlich mehr kriegsbedingten Belastungen ausgesetzt gewesen als die anderen Gruppen. Die nur vorübergehend vom Vater Getrennten hatten zumeist als Flüchtlinge das Kriegsgeschehen nicht unmittelbar miterlebt. [...] Die Jugendlichen mit vermisstem Vater leiden besonders unter sozial-existenziellen Problemen (Wohnung) und Mangel an Ressourcen (Geld).[60]

Zur Situation der Mädchen kam die erwähnte Studie zu folgendem Ergebnis:

»Mädchen geben ein größeres Ausmaß an Depression an, was mit dem männlichen Rollenverständnis in Zusammenhang gebracht werden kann. Außerdem ist in Betracht zu ziehen, dass Mädchen in der frühen Kindheit resilienter, in der Adoleszenz vulnerabler als Knaben sind. Die Unsicherheit über das Schicksal des Vaters dürfte eine größere Belastung sein als das Wissen um seinen Tod. Sie scheint Unsicherheit, Angst und Depression zu verursachen. Die Reaktion der Mütter dürfte von wesentlichem Einfluss auf die Bewältigung dieser Situation durch die Kinder sein.«[61]

Posttraumatische Belastungsstörungen machen auch vor Kindern und Jugendlichen nicht Halt. Man muss Kriegstraumatisierte jeden Alters in geeigneten Settings auffangen und ein Ausbrechen schwererer Krankheiten verhindern. Die Bereitstellung von finanziellen Mitteln und einer Wohnung ist zwar sehr wichtig,

W.: War-related loss of one's father and persistent depressive reactions in early adolescents. In: European Psychologist 5 (3), 2000, S. 204–214.
60 Erhard / Janig (2003), S. 139 f.
61 Erhard / Janig (2003), S. 140.

eine gesunde Psyche ist aber auch von unschätzbarem Wert, weil sie in kriegsbehafteten Regionen sicher schwer zu erreichen ist. Flüchtlingsszenarien sind die Folge von Kriegen, und Hass wird allerorten geschürt. Besondere Hysterie kommt mit der Angst vor einem Kriegsgeschehen auf. Symptomatik und Suizidtendenzen bei Kindern und Jugendlichen aus Kriegsgebieten sprengen die Vorstellungskräfte eines durchschnittlichen EU-Bürgers. Trotzdem wird Hilfe nicht immer geleistet, oft wird seitens der NATO noch mit weiterer Gewalt vorgegangen. Ein Naheverhältnis zwischen Kind und Vater wird kaum möglich sein bei Bombenhagel und Bürgerkrieg, offene Kommunikation ist von Belastung geprägt.

2.10 Der geheim gehaltene Vater – ein Familiengeheimnis

Der geheime oder verschwiegene Vater wird oft von der Mutter »tabuisiert«. Weder persönliche Daten noch biografische Informationen oder seine Lebensumstände werden dem Kind mitgeteilt, wodurch der Vater zu einem »Familiengeheimnis« wird. »Häufig verweigern solche Mütter auch im Gespräch mit einem Helfer jede Angabe über den Vater und die Begründung ihrer Vorgangsweise.«[62] Imber-Black[63] unterscheidet in seiner Studie zwischen »positiven«, »schützenden«, »destruktiven« und »gefährlichen Geheimnissen«. Geheimnisse können beim Kind die Identitätsbildung erschweren und sich negativ auf die Gestaltung von Beziehungen auswirken.

---

62 Erhard/Janig (2003), S. 159.
63 Vgl. Erhard/Janig (2003), S. 159. Dort der Verweis auf: Imber-Black, E.: Geheimnisse in Familien und in der Familientherapie – Ein Überblick. In: Imber-Black, E. (Hrsg.): Geheimnisse und Tabus in Familie und Familientherapie. Freiburg: Lambertus 1995. S. 9–41.

»Der Geheimhaltung liegen oft massive Scham- und Schuldgefühle der Mutter zugrunde, die zu einer Beeinträchtigung des Selbstwertgefühls führen. Das Bestehen eines Familiengeheimnisses kann [...] zu Vertrauensverlust und Entfremdung zwischen den Familienmitgliedern sowie zur Symptombildung und zu Dysfunktionen führen.«[64]

Eine therapeutische Aufarbeitung benötigt oft besonders viel psychische Kraft.

Ein Trauma in Bezug auf das Nichtwissen um etwas Wichtiges stellt Betroffene meist vor gewaltige Probleme, da sie keine Ahnung haben, in welche Richtung sie Gespräche und eine Therapie planen sollen. Wenn man die betroffenen Personen kennt, kann man sie besuchen und das Thema aufarbeiten. Beim verschwiegenen Vater helfen oft nur handfeste Manöver wie Familienaufstellungen und Therapiesitzungen, weil andere beteiligte Personen möglicherweise nur stören oder verwirren. Man kann sich aber heute bei Behörden erkundigen, um seinen leiblichen Vater ausfindig zu machen, wenn die eigene Familie nicht mehr weiterhelfen kann, und somit tut man erste Schritte auf dem Weg, sich von einem Trauma zu befreien.

2.11 Vaterentbehrung infolge einer Scheidung

In Österreich sind mehr als ein Fünftel aller Kinder (bis zu ihrer Volljährigkeit) Scheidungskinder. In den USA haben etwa 40 % aller Kinder (bis zur Volljährigkeit) geschiedene Eltern. Forschungsergebnisse aus den USA zeigen auch, dass 31 % der Kinder innerhalb eines Jahres nach der Scheidung keinen Kontakt mehr zum Vater hatten.[65]

---

64 Erhard / Janig (2003), S. 159.
65 Vgl. Erhard / Janig (2003), S. 49.

Frühe Forschungen aus den USA kommen zu folgenden Ergebnissen[66]:

>»Ehescheidung ist kein einmaliges, traumatisches Ereignis, sondern eine Folge komplexer Ereignisse, die von allen Betroffenen eine Vielzahl von Anpassungsleistungen verlangen.

Für Kinder ist die Beendigung einer dauernd konfliktbeladenen Beziehung der Kindeseltern weniger schädlich als das Aufwachsen in einer solchen Familie.

Die Verhaltensweisen >erfolgreicher< alleinerziehender Eltern sollten Gegenstand der Forschung werden.

Scheidungskinder bei alleinerziehenden Müttern sind verhaltensauffälliger gegenüber ihren Müttern (oppositionell-aggressiv, fordernd, klagend etc.) als Kinder aus vollständigen Familien [...].

Kinder tendieren dazu, Gefühle der Verletztheit, Hilflosigkeit und Trauer durch Ausagieren von Aggressionen abzuwehren.

Langfristig weisen viele Scheidungskinder keine Störungen auf. Die Situation wird für die Kinder durch massive Konflikte der Eltern oder den emotionalen Rückzug der Mutter erschwert. Kinder werden von Müttern oft als Partnerersatz verwendet, und zwar stärker mit zunehmendem Alter und Buben mehr als Mädchen.

Vater-Tochter-Beziehungen sind stabiler als Vater-Sohn-Beziehungen, was Häufigkeit und Regelmäßigkeit des Vater-Kind-Kontaktes betrifft; Die Wahrscheinlichkeit für die Verbesserung der Vater-Kind-Beziehungen ist bei unter 8-jährigen Kindern größer. In der Gruppe der 9- bis 12-Jährigen ist die Tendenz zur Verschlechterung am stärksten ausgeprägt.

Kinder mit enger Vaterbeziehung sind bei Rückzugstendenz der Väter besonders belastet. Die Beziehung zum Vater nach der Scheidung ist ebenso wichtig wie die Beziehung zur Mutter und von größerem Einfluss auf die Entwicklung des Kindes als die Scheidung selbst;

---

66 Vgl. dazu Erhard/Janig (2003), S. 50 f.

Positive Einflussfaktoren für die Vater-Kind-Beziehung nach der Scheidung sind von Seiten des Vaters Sehnsucht nach dem Kind und Sorge um das Kind, psychische Stabilität, Einsamkeit, hoher Bildungsstand und gesicherte materielle Situation, von Seiten der Mutter Bejahung der Besuchskontakte.

Verzicht auf Feindseligkeiten und gleiche Erziehungspraktiken beider Eltern wirken sich ebenfalls positiv auf die Vater-Kind-Beziehung aus; Kleinkinder zeigen deutliche Signale der Sehnsucht nach dem Vater; Beiträge aus der klinischen Praxis beschreiben eine große Variationsbreite von Reaktionsweisen bei Scheidungskindern.«[67]

Mit der Scheidung der Eltern wird meiner Meinung nach ein Vakuum der Sehnsucht frei und das Kind wird gefordert, sich mitzuteilen und mitzuleiden. Dies kann ein Kind fordern, aber auch überfordern, wenn die Situation schwierig ist. Viele Kinder werden aufgrund der Scheidung ihrer Eltern vor die Trümmerhaufen einer Liebesbeziehung gesetzt und dementsprechend früh verletzt. Das Gefühlschaos eines jungen Menschen kann empfindlich gestört werden.

Die eben zitierten Ergebnisse aus der amerikanischen Scheidungsforschung gelten vermutlich nicht nur für die USA, sondern können auch als repräsentativ für die Situation von Scheidungskindern in allen westlichen Gesellschaften betrachtet werden. Zudem ist die Scheidungsrate, wie schon erwähnt, in den USA sehr hoch, weshalb angenommen werden kann, dass die eben zitierten Forschungsergebnisse empirisch gut fundiert sind. Sie lassen sogar erkennen, dass eine Scheidung auch positive Auswirkungen haben kann, weil ein junger Mensch daran früh reifen kann und sich selbst früh zu schützen lernen muss. Der Wert einer Beziehung wird früh erkannt, während gleichaltrige wohlbehütete Kinder diesbezüglich oft noch im Dunkeln tappen. Auch lernt ein junges Scheidungskind sehr

---

67 Erhard/Janig (2003), S. 50 f. Dort mit Bezug auf die Aufarbeitung der Forschungsergebnisse aus den USA. In: Fthenakis, W. E./Niesel, R./Kunze, H. R.: Ehescheidung. Konsequenzen für Eltern und Kinder. München, Wien, Baltimore: Urban & Schwarzenberg 1982.

früh zu differenzieren, was die Qualität und Quantität von Beziehungen betrifft. Vielleicht werden Besuchskontakte zum Vater nach einer Scheidung intensiver erlebt oder Vater und Kind kommen sich näher, als dies sonst der Fall gewesen wäre. Vielleicht sollte man in dieser Frage aber auch gut überlegen, ob man bei einer Scheidung überhaupt von »positiven« Auswirkungen sprechen kann. In der neueren Scheidungsforschung gibt es darüber hinaus Untersuchungen über Defizitperspektiven, Prozesse der Scheidung, Stressbewältigung, die ökonomische Situation, Stressfaktoren des familiären Konflikts, Selektionsperspektiven und längerfristige Scheidungsfolgen.[68] Scheidung ist nicht immer ein Risikofaktor für ein Kind, aber abschätzen kann man dies wohl vorher nicht.

2.12 Jugendliche Familienfähigkeit und Vaterschaft

Zahlreiche Väter haben sich bereits von einer Haltung der »männlichen Arroganz und Selbstzentrierung«[69] verabschiedet. Stattdessen sind Konsens und Kooperation in jungen Familien besonders ausgeprägt. Tradierte Formen und Normen der Rollen- und Lebensgestaltung sind heute oft völlig aufgelöst. Partnerschaft wird von Frauen zunehmend, nicht zuletzt aufgrund ihrer steigenden Unabhängigkeit sowie ihres bildungsmäßigen Vormarsches, als emotionale Ressource und nicht als Ausdruck ökonomischer Abhängigkeit begriffen. Männer stellen heute ungeahnt hohe Ansprüche an sich selbst und an ihre Familienfähigkeit, sie erleben deshalb auch Phasen der Desorientierung.[70] Ein gesundes Chaos kann meiner Meinung nach Lernprozesse einleiten.

---

68 Vgl. Erhard / Janig (2003), S. 51.
69 Schlaffer, Edit: Jugendliche Familienfähigkeit und Vaterschaft. In: Bundesministerium für soziale Sicherheit, Generationen und Konsumentenschutz (Hrsg.): 1. Europäische Väterkonferenz. 15. und 16. September 2004, Palais Auersperg / Wien. Wien 2004. S. 40–46. Hier S. 40.
70 Vgl. Schlaffer (2004), S. 40.

Die jüngere Generation hält nicht mehr an alten geschlechtersterotypen Vorgaben fest, sondern erfindet sich neu. Nicht allein die Frau, sondern vor allem der Mann will diese alten Formen nicht mehr. Die jungen Männer heutzutage haben bemerkt, dass ihre eigenen Väter vieles verpasst haben, und wollen es nun besser machen. »Aus diesen Versäumnissen der eigenen Vätergeneration hat die aktuelle Vätergeneration bereits sehr viel gelernt.«[71]

Der Begriff »Familienfähigkeit« ist, so Schlaffer, ein »Symbol für die zeitgerechte Einstellung zu Familie und Partnerschaft [...]. Familienfähigkeit hat sehr viel zu tun mit Kompetenz, mit Selbstvertrauen, mit Dranbleiben, mit Konsistenz«[72].

Allerdings sind Trends, die mit der Veränderung von Ehe und Familie zusammenhängen – hohe Scheidungsziffern und sinkende Geburtenraten – auch beunruhigend und gefährden nicht nur die Familie, sondern auch die Wirtschaft, das Sozialleben und die psychische Stabilität der Betroffenen.[73]

Die Verbreitung egalitärer Wertvorstellungen hat das klassische Familienmodell heute absolut in Frage gestellt. »Zunehmend wurde die Familie von sozialen, psychologischen und ökonomischen Zwängen befreit, zu Gunsten einer neuen Vision: Zuneigung, Liebe und Gleichheit als Basis für das Zusammenleben.«[74] Doppelberufstätigkeit ist die Norm, Patriarchat-Hierarchien sind nicht mehr erwünscht, auch von Männern nicht. Die Menschen leben zum Teil, wie sie wollen, sie heiraten, trennen sich und bauen unterschiedliche Familienmuster, sie bekommen Kinder, oder auch nicht, tragen gemeinsam zum Familieneinkommen bei oder treffen andere Vereinbarungen.[75]

Hier wird ein starkes Streben nach einer frei gewählten Lebensgestaltung deutlich. Erwachsene können heutzutage wählen, wie sie leben möchten, Kinder aber nicht. Sie sind auf andere angewiesen und bekommen nur, was andere für sie wollen. Kinder sind weiterhin eine große Verantwortung für ihre Eltern. Die

---

71 Schlaffer (2004), S. 41.
72 Schlaffer (2004), S. 41.
73 Vgl. Schlaffer (2004), S. 41.
74 Schlaffer (2004), S. 41.
75 Vgl. Schlaffer (2004), S. 41.

moderne Familie hat aber meiner Meinung nach gute Chancen, diese Herausforderung zu meistern. Wenn aber beide Eltern arbeiten gehen, während das Kind auf der Strecke bleibt und unter Deprivation leidet, dann muss man angemessen reagieren. Kinder sind psychologisch noch nicht so weit, dass sie die Vorteile der Freiheit erkennen, dieses Gespür muss erst mühsam mit ersten Beziehungserfahrungen in der Pubertät erlernt werden. Die neue Vision der Familie ist aber sicher ein großer Schritt in Richtung eines selbstbestimmten Lebens für alle Beteiligten. Unterstützung für die Planung des Familienlebens kann in Form von gedanklichem Rüstzeug gegeben werden. Der zentrale Wunsch von jungen Erwachsenen ist es, eine »Balance« in der Lebensplanung zu finden. Vor allem junge Männer spüren heute das Bedürfnis, am Familienleben teilzunehmen und nicht nur eine familiäre Randerscheinung zu sein.[76]

Es gibt heute eine Vielfalt von neuen Bedürfnissen und Wünschen, die mit dem Kinderwunsch verknüpft sind, z. B. möchte man durch das Zusammenleben mit einem Kind die eigenen kindlichen Anteile neu erleben, sich selbst neu erleben, die Welt anders sehen und durch andere Augen wahrnehmen.[77]

Das Verhältnis zwischen Erwachsenen und Kindern sowie das Verhältnis zwischen den Geschlechtern sieht in der Wahrnehmung der jungen Elterngeneration gänzlich anders aus als früher: Gleichberechtigung und Selbstverwirklichung sind ganz klare Ziele. Männer finden die männliche Dominanz in einer Beziehung weder intellektuell rechtfertigbar noch wünschenswert.[78]

Heute wollen die jungen Leute »alles« und balancieren Machtverhältnisse gerecht und gekonnt aus. Sie investieren ihre ganze Kraft in eine solide, gute Zukunft und geben alles für eine optimale Lebensplanung.

Allerdings gibt es auch Schattenseiten, worauf die heutigen Scheidungsraten und die Häufigkeit von Depressionserkrankungen in unserer Gesellschaft schließen lassen. Wenn Kinder Verhaltensauffälligkeiten zeigen, muss man viel mit einer Familie arbeiten, um eine angemessene Entwicklung halbwegs zu ermöglichen.

---

76 Vgl. Schlaffer (2004), S. 42.
77 Vgl. Schlaffer (2004), S. 42.
78 Vgl. Schlaffer (2004), S. 43.

Im TV gibt es Reality-Formate – wie z. B. »Die Super Nanny« –, die uns zeigen, wie es in einigen deutschen Haushalten wirklich zugeht. Hier stimmt gar nichts mehr und alle Beteiligten sind genervt und finden keine Auswege aus der Familienkrise.

Ich kann auch nur beurteilen, was ich in meiner eigenen Familie vorfinde, und das ist Gleichgültigkeit. Man kümmert sich nicht mehr wirklich um den anderen, sondern lebt sein Leben. Wenn nun die Schulzeit schon länger zurückliegt und man keine Freunde mehr hat, so ist man der Leidtragende.

2.13 Männerarbeit in der Zukunft

Der Begriff »Männerarbeit« umfasst in Österreich die drei wesentlichen Bereiche *Beratung, Bildung* und *Begegnung*.[79] Die Studie »Männerarbeit in Österreich«, die im Jahr 2004 vom Bundesministerium für soziale Sicherheit, Generationen und Konsumentenschutz (BMSG) herausgegeben wurde, nennt vier Kriterien für ein funktionierendes Angebot: Zunächst sei die Wahrung der »Anonymität der Hilfesuchenden« wichtig, darüber hinaus »Professionalität« und »Kompetenz«, außerdem wird »das Gespräch von Mann zu Mann als unbedingtes ›Soll‹« genannt.[80]

> »Jede mögliche Maßnahme sollte [...] auf diese Anforderungen geprüft und nur dann getroffen werden, wenn sie sich positiv auf einen der Punkte auswirkt, ohne einen der anderen Punkte zu verschlechtern.«[81]

79 Bundesministerium für soziale Sicherheit, Generationen und Konsumentenschutz, Männerpolitische Grundsatzabteilung (Hrsg.): Beratung, Bildung, Begegnung – Männerarbeit in Österreich. Wien 2004. S. 122. (Nachfolgend zitiert als: „BMSG: Beratung, Bildung, Begegnung (2004)".)
80 BMSG: Beratung, Bildung, Begegnung (2004), S. 122.
81 BMSG: Beratung, Bildung, Begegnung (2004), S. 122.

2.13.1 Die Säule *Beratung*

Im Bereich der *Beratung* können die eben genannten Kriterien für ein funktionierendes Angebot auf mehreren Wegen sichergestellt werden. Bezüglich der Anonymität schreibt das BMSG in seiner Studie:

>»Zur Wahrung der Anonymität sind manche Männer bereit, um eine Beratungsstelle aufzusuchen, ihren Wohnort zu verlassen und in eine andere Stadt zu fahren. [...] Der Ausbau der Einrichtungen mit einem ›Männerservice‹ sollte daher strategisch sinnvoll geschehen.«[82]

Der Ausbau von Beratungsstellen ist besonders in größeren Städten sinnvoll, da hier die Anonymität besser gewahrt werden kann.

Um die Kriterien »Professionalität« und »Kompetenz« einzuhalten, können folgende Maßnahmen getroffen werden:

>»Die Steigerung der Professionalität geschieht einerseits durch die Vorgabe von Beratungsstandards, andererseits durch die große Fallhäufigkeit und damit die größere Erfahrung im Umgang mit Klienten. Dem Anspruch der Kompetenz können Anbieter von Beratungsleistungen mit einem entsprechenden qualitativen Angebot von Aus- und Fortbildungsangeboten gerecht werden.«[83]

In der Beratung ist es zudem besonders wichtig, »dem Anspruch der männerspezifischen Hilfestellung gerecht zu werden« und somit »das Gespräch von Mann zu Mann zu gewährleisten. [...] Es sollte die Kontaktaufnahme und das Erstgespräch unter Männern stattfinden.«[84]

---

82 BMSG: Beratung, Bildung, Begegnung (2004), S. 123.
83 BMSG: Beratung, Bildung, Begegnung (2004), S. 123.
84 BMSG: Beratung, Bildung, Begegnung (2004), S. 123.

2.13.2 Die Säule *Bildung*

Die Säule der *Bildung* lässt sich in die Bereiche »Erwachsenenbildung und Mitarbeiterbildung« teilen, somit sind für den Bildungsbereich auch »zwei eigenständige Zielgruppen zu berücksichtigen«, wie es in der Studie des BMSG heißt[85]:

> »Zum einen umfasst er das Aus- und Weiterbildungsangebot für die Mitarbeiter der Beratungs- und Schulungseinrichtungen, zum anderen wird hier auch das Angebot für interessierte Männer zu männerspezifischen Themen gestaltet.«[86]

Während die Kriterien der »Professionalität und Kompetenz« für den Bereich der *Bildung* von besonders hoher Bedeutung sind und durch ein entsprechendes Bildungsangebot erreicht werden können, gestaltet sich der Anspruch der »Anonymität« hier eher schwierig:

> »Für den Bereich der Erwachsenenbildung kann die Anonymität noch am ehesten in Form von ›Großveranstaltungen‹ mit der Frontalmethode (Vorträge, Präsentationen) gewahrt werden. Grundsätzlich gilt jedoch, je kleiner die Teilnehmerzahl und je mehr Dialog zwischen Teilnehmer und Vortragenden/Trainer, desto persönlicher wird die Veranstaltung. […] Die Hemmungen sich zu deklarieren, können teilweise durch ein zielgruppengerechtes Angebot überwunden werden.«[87]

Zur Förderung der Erwachsenenbildung ist es von besonderer Bedeutung, mit dem Bereich der *Begegnung* zusammenzuarbeiten:

---

85 BMSG: Beratung, Bildung, Begegnung (2004), S. 124.
86 BMSG: Beratung, Bildung, Begegnung (2004), S. 124.
87 BMSG: Beratung, Bildung, Begegnung (2004), S. 124.

»Um den Zugang möglichst vieler Männer zur Erwachsenenbildung zu erleichtern, ist die Zusammenarbeit mit dem Bereich der Begegnung zu fördern und eine Vernetzung der Bereiche Bildung und Begegnung anzustreben. Dies jedoch ohne den Freiraum, den Begegnungsstätten Männern bieten, in ›manipulativ-edukativer‹ Weise besetzen zu wollen.«[88]

2.13.3 Die Säule *Begegnung*

Begegnung bildet die dritte Säule der Männerarbeit. Hier ergeben sich »soziale Kontakte, die den einzelnen Mann meist längerfristig begleiten«, so die Studie des BMSG:

> »Es ist der Sektor, der die größte Anzahl an Männern erreicht. Er ermöglicht durch eine Zusammenarbeit mit der Erwachsenen- und Jugendbildung die größte Durchdringung der Gesellschaft mit Männerarbeit.«[89]

Hier lassen sich zwei Arten von Gruppen unterscheiden: Zum einen die teilweise professionalisierten, die sich mit dem Begriff »Männerarbeit« identifizieren, wie etwa Selbsthilfegruppen. Diese werden oft von betroffenen Männern initiiert, um eine Sensibilisierung für spezifische »Männerthemen« zu fördern. Zum anderen gibt es Gruppierungen, »die sich nicht unmittelbar als Bereich der Männerarbeit sehen und häufig auf eine alte Tradition der Begegnung zurückblicken, wie z. B. freiwillige Feuerwehren, Burschenschaften oder andere Zusammenschlüsse.«[90] Wichtig wäre es, in diesen Gruppierungen u. a. auf eine Hebung der Imagewerte der Männerarbeit abzuzielen.

---

88 BMSG: Beratung, Bildung, Begegnung (2004), S. 124.
89 BMSG: Beratung, Bildung, Begegnung (2004), S. 125.
90 BMSG: Beratung, Bildung, Begegnung (2004), S. 125.

»Um den Zugang zu diesen relativ geschlossenen, autonomen Systemen zu erleichtern, muss eine Öffentlichkeitsarbeit mit den folgenden Schwerpunkten eingesetzt werden: Hebung der Akzeptanz von ›Männerthemen‹ und Begleitung bei der Umsetzung von zielgruppenspezifischen Bildungsprojekten.«[91]

Durch gezielte Präventionsarbeit könnte einigen Männern der Weg in die Beratungsstelle möglicherweise erspart werden. Wenn Prävention nicht mehr helfen kann, ist es unabdingbar, dass den Männern »die Hemmungen genommen werden, damit sie so früh wie möglich Hilfe in Anspruch nehmen und nicht jahrelang zuwarten, bis der Leidensdruck unerträglich wird«.[92] Dieses zuwartende Verhalten scheint jedoch dem Gesundheitsverhalten von Männern im Allgemeinen zu entsprechen:

»Sie warten so lang als möglich zu und suchen einen Arzt erst auf, wenn es bereits ernst ist. Das steigende Körperbewusstsein unter den Männern hat hier nur wenig geändert. Es herrscht noch immer die weit verbreitete Ansicht, dass ein Mann nicht krank zu sein habe. [...] Kranksein bedeutet, genauso wie die Tatsache, Probleme nicht alleine lösen zu können, ein Eingeständnis von männlicher Schwäche.«[93]

Ein Bereich, der mir sehr am Herzen liegt, ist der der Psychotherapie. Auch hier treffen sich die Bereiche *Beratung*, *Bildung* und *Begegnung*. Es gibt heute auch sehr viele männliche Psychotherapeuten. Die Auseinandersetzung mit der eigenen Person stellt für viele Menschen ein notwendiges Ventil dar, beispielsweise auch bei Problemen der Vaterentbehrung. Der männliche Psychotherapeut stellt eine Brücke dar zwischen der eigenen vaterlosen Persönlichkeit und dem Spannungsfeld einer Beziehung von Mann zu Mann. Hier kann verlorenes Terrain gut-

---

91 BMSG: Beratung, Bildung, Begegnung (2004), S. 125.
92 BMSG: Beratung, Bildung, Begegnung (2004), S. 127.
93 BMSG: Beratung, Bildung, Begegnung (2004), S. 127.

gemacht werden. Zusätzlich stellt Psychotherapie immer eine Bereicherung dar, ein Training für die Seele. Auch in Gruppentrainings, zum Beispiel bei Familienaufstellungen oder Diskussionsgruppen, kann sinnvoll Männerarbeit entstehen. Andere Settings sind aber auch gefährlich, denn so kann auch am Problem vorbeitherapiert werden. Jeder sollte das Gespräch von Person zu Person ausprobieren, um ein Maximum an Stärke zu gewinnen.

Zum Thema »Bildung« wollte ich noch anmerken, dass wir in Österreich zwar alle möglichen Schultypen haben, aber so etwas wie Schulpsychologen oder gar Schultherapeuten gibt es hierzulande noch nicht. Es wird nur Unterrichtsstoff über die Schüler gekippt, aber niemand kümmert sich um Einsamkeit und Persönlichkeit – das muss alles privat geschehen, wenn schon Schaden sichtbar ist. Präventionsarbeit ist notwendig und es muss andiskutiert werden, dass in diesem Bereich mehr geschehen möge. Das Thema »Männergesundheit« darf nicht übersehen werden, denn wir brauchen beide Geschlechter, um unsere Gesellschaft nachhaltig zu stärken. So früh wie möglich müssen Schritte gesetzt werden, um die negativen Auswirkungen der Vaterentbehrung aufzuhalten. Es müssen zum Beispiel mehr Männer in Kindergärten und Schulen als Betreuer arbeiten. Es ist auch wichtig, dass Kinder mehr als eine Bezugsperson haben, am besten männliche und weibliche. Ein nachhaltiges Gendering der individuellen Persönlichkeit muss trainiert werden, damit die jungen Menschen von klein auf aktiv am sozialen Leben und besonders an den Bildungsangeboten teilnehmen können.

2.14 Resümee und Ausblick

Vieles weist darauf hin, dass das Thema »Vaterentbehrung« zahlreiche Fragen beinhaltet, die weltweit beforscht wurden, während sich manche Forschungsergebnisse teilweise auch widersprechen. Vaterentbehrung ist heute allgegenwärtig, und besonders Kinder aus Ländern, die materiell weniger begünstigt sind oder gar von Krieg gezeichnet sind, laufen Gefahr, abzudriften und zum Problemfall zu werden. Kinder sind die Erwachsenen von morgen, und deshalb ist es notwendig, alles zu tun, um sie auf ihrem Weg zu begleiten und ihnen gegebenenfalls männliche Bezugspersonen zur Seite zu stellen. Vaterentbehrung ist für viele ein Rätsel, weil es – und das habe ich versucht herauszuarbeiten – nicht immer einen richtigen Weg gibt, damit umzugehen. Aber jeder Mensch hat nur einen leiblichen Vater, diese Tatsache ist auch in modernen Gesellschaften nicht zu leugnen und nicht zu unterschätzen. Die Wahrung archaischer Gefühle (in Bezug auf die Vaterbindung) und moderne Familienbegleitung können Hand in Hand gehen, wenn man die zugrunde liegenden Strukturen erkennt.

Männer haben nicht die gleiche Sprache wie Frauen, und Kinder haben ein Gespür dafür, auch wenn sie noch nicht über dieselbe Lebenserfahrung verfügen wie ein sozialisierter Erwachsener. In diesem Brennpunkt kann ein Keim entstehen, der uns unser Leben lang Missverständnisse und Unmut bringt. Wir können andere nicht mehr begreifen und sind auf uns allein gestellt. Ich glaube aufgrund dieser Tatsache, dass ein Kind, das Vater und Mutter bei sich hat, besser fürs Leben ausgerüstet ist und besser sozialisiert werden kann als ein Kind mit nur einem Elternteil. Problemlösungen können von Beratern zwar angeboten, aber nur schwer direkt umgesetzt werden, wenn schlicht und einfach auch das Vertrauen fehlt. Dieser externe Berater kann nur als Instrument und höchstens als Vorbild dienen, kann aber nie ein richtiger Teil der Familie werden. Sich externe Hilfe zu holen, hat ja auch eine symbolische Bedeutung: Es »stimmt« irgendetwas nicht. Und Angst entsteht. Angst hat vor allem ein kleines Kind, das sich noch nicht ausgrenzen und schützen kann.

Erwachsene Helfer können nur aufzeigen, wie man Beziehungsleistungen erbringt, und nicht ebendiese im Alltag ersetzen.

Männer und Frauen gestalten ihre Umgebung auf verschiedene Weise, und Kinder lernen im Umgang mit diesen Gestaltungsebenen, ihre eigene Persönlichkeit zu entfalten. Bei einer Ungleichverteilung entwickelt sich auch die Persönlichkeit der Kinder unter Umständen ungleich. Der externe Helfer kann männlich sein, wenn ein Vater fehlt. Aber auch weibliche Personen können Ungleichheiten ebnen, z. B. wenn die Mutter zu bemutternd auftritt. In dieser Situation ist eine sorgsame Überprüfung des Falles notwendig, um sinnvoll einzugreifen. Für Kinder ist es wichtig, Angst zu überwinden, etwas zu wagen, vielleicht auch einmal verletzt zu sein, und vor allem sollten sie lernen, wie man Konflikte löst.

Geborgenheit und geheime Wünsche braucht jeder, aber auch Erreichtes muss geschützt werden. Erwachsene sind nicht immer glücklich mit ihrer Rolle, und da ist es nichts Verwerfliches, mit Rat beizustehen und Hilfe anzubieten. Einige Situationen und Umstände stehen oft lediglich gedanklich in Verbindung mit der Vaterrolle, verlangen aber nicht immer nach einem »tatsächlichen« Vater, der diese löst. Wir lernen schnell und können auch mit Verlusten umgehen, wenn sie nicht lebensbedrohlich oder ängstigend sind.

In meinem Essay bin ich auf Scheidung und Depression näher eingegangen, ich habe auch andere Faktoren anhand von internationalen Forschungsergebnissen dargestellt und bin zu dem Ergebnis gekommen, dass Verschiedenheit normal ist. Es liegt an uns allen, mit dem individuell Erlernten umzugehen und ein verantwortungsvolles Leben als Vater oder Mutter, Sohn oder Tochter zu gestalten. Dabei gilt es, die eigenen Grenzen zu wahren und die des anderen zu beschützen.

2.15 Literatur

Bundesministerium für soziale Sicherheit, Generationen und Konsumentenschutz, Männerpolitische Grundsatzabteilung (Hrsg.): Beratung, Bildung, Begegnung – Männerarbeit in Österreich. Wien 2004. (Zitiert als: »BMSG: Beratung, Bildung, Begegnung (2004)«.)
Erhard, Rotraut / Janig, Herbert: Folgen von Vaterentbehrung. Eine Literaturstudie. Hrsg. v. Bundesministerium für soziale Sicherheit, Generationen und Konsumentenschutz. Wien, Klagenfurt 2003.
Schlaffer, Edit: Jugendliche Familienfähigkeit und Vaterschaft. In: Bundesministerium für soziale Sicherheit, Generationen und Konsumentenschutz (Hrsg.): 1. Europäische Väterkonferenz. 15. und 16. September 2004, Palais Auersperg / Wien. Wien 2004. S.40–46.

3 Trauma und Erinnerung: Kulturrevolution

[Überarbeitete Fas"ung einer Seminararbeit, die im Wintersemester 2003/2004 im Rahmen des PS2 "Trauma und Erinnerung" (Leitung: Prof. Weigelin-Schwiedrzik) entstanden ist.]

»Um unserer Zukunft willen müssen wir die Vergangenheit ewig im Gedächtnis bewahren.«   *(Feng Jicai, 1979)*

3.1 Trauma und Philosophie

Das Gefühl der Krise, so der christliche Theologe Liu Xiaofeng, kommt auf, wenn man gegen das rebelliert, woran man einst sehr stark geglaubt hat. Als der Maoismus das Credo, das die Weltanschauung der Menschen im chinesischen Festland über Dekaden geprägt und geformt hat, von der Katastrophe der Kulturrevolution diskreditiert wurde, ist ein Vakuum entstanden, da die Menschen fühlten, dass die Landkarte der Realität, die Mao für sie gezeichnet hat, nicht länger zutreffend ist. Desorientierung war das Resultat: Man wartete auf einen neuen »Kartographen«, der das Land in eine neue, eine »richtige« Richtung lenken würde. Ausländische Literatur und Philosophie wurde fieberhaft übersetzt, das Studieren der eigenen Tradition wurde fortgesetzt und sehr viele Studenten und Wissenschaftler reisten ins Ausland.[94] In diesem »Kulturfieber«, so Woei Lien

---

94 Vgl. Woei Lien Chong: Philosophy in an Age of Crisis. In: Woei Lien Chong (Hrsg.): China's Great Proletarian Cultural Revolution: Master Narratives and Post-Mao Counternarratives. Lanham: Rowman & Littlefield 2002. S.215–254. Hier S. 215 f.

Chong, das durch das post-maoistische China strömte, wurden die Stimmen der chinesischen Philosophen laut und deutlich gehört, neben den Romanschreibern, Dichtern, Artisten, Musikern und Filmemachern.

3.1.1 Ein liberaler Marxist: Li Zehou

Die chinesische Sicht der Realität, so Li Zehou, ist eher moralisch und ästhetisch anstatt auf abstrakten theoretischen Spekulationen basierend. Die Schulen, die sich mit Logik und Mathematik befassen, haben in China nie eine überdauernde Position erreicht.

Nach Li gibt es Fehlbetrachtungen in Bezug auf die Natur des »rulership«, der Herrschaft in der chinesischen Welt. Man dachte, der Herrscher sei traditionellerweise in der Lage, sowohl die Natur als auch die Gesellschaft zu transformieren, allein durch seinen moralischen Willen, ohne die Unterstützung einer technologischen Infrastruktur. Das ist in Lis Augen der ultimative Grund, warum Mao eher angehalten war, groß angelegte ideologische Kampagnen zu starten und Massen in revolutionärem Glühen zu mobilisieren, als Wissenschaft und Technologie als Instrumente des Wirtschaftswachstums zu fördern.[95]

Li betrachtet die Kulturrevolution als eine Wiederauferstehung von traditionellen chinesischen, antimodernen Idealen, wie Egalitarismus, Antiintellektualismus, Antikonsumerismus (»Askese«) und den Kult des über allen stehenden Führers. Diese »feudale« Mentalität, so Li, ist tief verwurzelt in dem Produktionsmodus, der China über Jahrtausende dominiert hat – Kleinbauerntum innerhalb von Verwandtschaftsgruppen.[96]

Trotzdem glaubt Li, dass das traditionelle chinesische Gedankengut auch eine konstruktive Rolle in der zukünftigen postindustriellen Gesellschaft spielen kann. Fortschritt, so Li, ist nicht allein eine Angelegenheit des Wirtschaftswachstums,

---

95 Vgl. Woei Lien Chong (2002), S. 219.
96 Vgl. Woei Lien Chong (2002), S. 220 f.

getrieben durch Wissenschaft und Forschung, sondern eher ist es auch ein Prozess spiritueller und kultureller Entwicklung in Richtung der Befreiung des Individuums innerhalb des Zusammenhangs einer gut geordneten Gesellschaft.[97] Der antimoderne »Feudalismus«, der der Kulturrevolution zugrunde liegt, kann, so Li, nur mit einem wissenschaftlicheren und demokratisch effizienteren Sozialismus überwunden werden. Nachdem Li als liberal und bourgeois kritisiert wurde, hat er China 1992 verlassen und arbeitet nun im Westen.[98]

3.1.2 Ein liberaler Existenzialist: Liu Xiaobo

Liu Xiaobos Zeitgenossen finden seine Ideen und seinen Schreibstil eher aggressiv. Die Ansichten des systemkritischen Schriftstellers sind wohl nicht sehr repräsentativ für die Mehrheit der Intellektuellen in China. Liu Xiaobo propagiert totale Verwestlichung und fordert von den Intellektuellen, sich von der chinesischen Gesellschaft und ihren Werten zu emanzipieren. Mit seiner zynischen Aussage, China habe einen solchen Grad an Bankrottheit erreicht, dass sich das Land alleine nicht mehr regenerieren lasse und 300 Jahre ausländische Kolonialisierung brauche, hat er viele Intellektuelle befremdet.[99]

3.1.3 Ein christlicher Theologe: Liu Xiaofeng

Während der Wert des Christentums für Liu Xiaobo eher im Kulturellen und Sozialen liegt, ist Liu Xiaofeng ein Christ und Theologe.[100] Auf seiner persönlichen

---

97 Vgl. Woei Lien Chong (2002), S. 221.
98 Vgl. Dittmer, Lowell: Introduction. In: Woei Lien Chong (Hrsg.): China's Great Proletarian Cultural Revolution, Master Narratives and Post-Mao Counternarratives. Lanham: Rowman & Littlefield 2002.
99 Vgl. Woei Lien Chong (2002), S. 223.
100 Vgl. Woei Lien Chong (2002), S. 230.

und intensiven spirituellen Suche verarbeitet er die Kulturrevolution eher in einer philosophischen als in einer rational-wissenschaftlichen Weise. Er diskutiert die Kulturrevolution nicht als das Objekt einer intellektuellen Erkundigung, wie dies Historiker oder Sozialwissenschaftler machen würden. Er analysiert die Gründe der Kulturrevolution auch nicht im Hinblick auf ihre Kausalität, sondern arbeitet ontologisch. Liu Xiaofeng erkundet die Strukturen der Realität, die den wissenschaftlichen und alltäglichen Weltanschauungen zugrunde liegen. Das Bemerkenswerte an seiner ontologischen Analyse liegt in dem Argument, dass die Kulturrevolution eine Zuspitzung des intellektuellen und spirituellen Verfalls in Richtung eines Nihilismus sei. Dieser Nihilismus bedeutet für Liu ein Fehlen absoluter moralischer Standards aufgrund der Verabsolutierung von begrenzten Entitäten wie Geschichte oder Staat.[101]

3.1.4 Resümee

Die drei hier vorgestellten Denker wurden unter Mao ausgebildet und lehnen simplifizierende Versuche, die Schuld an der Kulturrevolution allein bei Mao und der »Viererbande« zu suchen, ab. Alle drei sind sich auch darin einig, dass die Wurzel und der Grund dieser Tragödie eine Art von Vitalität sei, die Amok läuft bzw. Hybris ist. Sie unterscheiden sich jedoch in Bezug auf den Ursprung dieses Impulses.

Li Zehou schreibt den Ursprung dieses Impulses dem traditionellen chinesischen Glauben in die transformativen Kräfte des moralischen Subjekts zu. Liu Xiaobo schreibt ihn der individuellen Kreativität und den Freiheitsbestrebungen zu, die dem Kollektivismus zum Opfer fielen. Für Liu Xiaofeng scheint der Ursprung dieses Impulses darin zu liegen, dass im chinesischen Denken das Konzept eines transzendenten Gottes fehlt bzw. ein Sündenbegriff nicht vorhanden ist.[102]

---

101 Vgl. Woei Lien Chong (2002), S. 231.
102 Vgl. Dittmer (2002).

Liu Xiaofeng bringt meines Erachtens ein sehr spannendes Moment in die Diskussion. Wir alle haben das Bedürfnis nach Transzendenz und möchten es auch »leben«. Abraham Maslow positionierte dieses Bedürfnis an oberster Stelle seiner »Bedürfnispyramide«. Im Dienst an einer Sache oder in der Liebe zu einer anderen Person erfüllt der Mensch sich selbst.[103]

3.2 Trauma und Literatur

3.2.1 Feng Jicais literarische Verarbeitung der Kulturrevolution

Feng Jicai wurde am 9. Februar 1942 in Tianjin als eines von sechs Kindern in eine wohlhabende Familie hineingeboren. Ein Freund seiner Jugendzeit schildert Feng in jenen Jahren als weltfremden Träumer, der in einer Fantasiewelt von Musik, Dichtung und Malerei zu leben schien.[104]

Den Beginn der Kulturrevolution erlebte er als Einsturz seiner bislang harmonischen Welt:

»Wie mit einem [...] Hammerschlag zerschmetterte der jähe Ausbruch der Wirren des Jahres 1966 mein Weltbild. In nur einer Nacht änderte sich das Schicksal von Millionen. In Tausenden von Familien spielten sich unglaubliche Tragödien ab.«[105]

---

103 Vgl. Frankl, Viktor E.: Das Leiden am sinnlosen Leben. Herder spektrum 2003. S.18.
104 Vgl. Gänßbauer, Monika: Trauma der Vergangenheit – Die Rezeption der Kulturrevolution und der Schriftsteller Feng Jicai. Dortmund: Projekt Verlag 1996. S. 31.
105 Feng Jicai: Das Drängen des Schicksals (Mingyun de qushi). Übers. v. Dorothea Wippermann. In: Martin, Helmut (Hrsg.): Bittere Träume. Selbstdarstellungen chinesischer Schriftsteller. Taipeh: Vanguard 1992. S.14–19. Hier S. 15. Zitiert nach: Gänßbauer (1996), S. 32.

Interessant finde ich die Ansicht von David Wakefield (1994), dass Feng sich ohne die Ereignisse der Kulturrevolution wohl nicht von der Malerei ab- und prioritär der Schriftstellerei zugewandt hätte.[106]

Fengs Erstlingswerk über die Kulturrevolution, ein Kurzroman der Gattung »Narbenliteratur« *(Shanghen wenxue)* aus dem Jahr 1978, trägt den Titel »Der blumenumsäumte Abweg« *(Puhua de qilu)*.

Leo Ou-fan Lee urteilte über die »Wundenliteratur« folgendermaßen:

> »Die ersten Werke, die nach der KR erschienen, fragten nach den Auswirkungen von Gewalt und Massenhysterie dieser chaotischen Zeit. Die ›Wundenliteratur‹ konnte einer Nation, die psychisch noch unter Schock stand, sicher teilweise eine Katharsis und Erleichterung verschaffen, aber sie war doch mehr soziologisch denn literarisch von Interesse.«[107]

Feng Jicai fordert seine Leser bereits in der Einleitung auf, zurückzublicken auf den »Gewittersturm«, der sich Mitte der 60er Jahre plötzlich erhoben habe. [Symbol des reinigenden Gewitters?] Damals sei alles einer Neubewertung unterzogen worden. Freund und Feind, Loyalität und Hinterhalt hätten sich unlösbar ineinander verwoben, die Wahrheit sei verloren gegangen. Heimliche Betrüger hätten damals um süße Früchte herum ihr mit Zucker vermengtes Gift ausgelegt, und zu beiden Seiten des Weges hätten sich blumenumsäumte Abwege erstreckt.[108]

Die Geschichte berichtet von einem jungen Menschen, der auf solche Abwege gerät. Die erste Szene zeigt Bai Hui, eine 17-jährige Schülerin, im Kreis von »Rotgardisten«. Eine Kritikversammlung an Lehrern steht bevor. Eindringlich schildert Feng Militarisierung und Fanatisierung der »Rotgardisten«-Generation. Kollektiv werden sie dazu getrieben, sich dem »Feind« gegenüber in »Hasssprache« zu

---

106 Vgl. dazu Gänßbauer (1996), S. 32.
107 Zitiert nach: Gänßbauer (1996), S. 375.
108 Vgl. Gänßbauer (1996), S. 375.

üben. Durch die aufgeladene Atmosphäre lässt Bai Hui sich hinreißen, gemeinsam mit der hasserfüllten Menge auf den »Klassenfeind«, eine ältere Lehrerin, einzuschlagen, bis diese bewusstlos wird. Als neben ihr jemand fragt: »Ist sie tot?«, erwacht Bai Hui aus ihrem Rausch. Panik ergreift sie, Albträume beginnen sie zu quälen. Mit dem Vater, der während der Kulturrevolution auch gedemütigt wird, verbindet Bai Hui Liebe. Doch seine Gedankenwelt bleibt ihr aufgrund seiner Zurückgezogenheit und mangelnden Kommunikationsfähigkeit fremd.[109]

3.2.1.1 Generationen und seelisches Bindungssystemtrauma

Feng schildert den Gedankengang Bai Huis folgendermaßen:

> »Sie revolutionierte das Leben anderer, so wie das Leben ihres Vaters von anderen revolutioniert wurde. Sie glaubte an die Richtigkeit dieser Regel, selbst wenn ihr das auf der Gefühlsebene etwas Schwierigkeiten bereitete ...«[110]

Warum schwächt Feng hier die Aussage durch das Wort »etwas« ab? Ist dies als Ausdruck der Traumatisierung seiner eigenen Person zu werten? Für mich hat dieses »etwas« einen ironischen Unterton. Kann man hier von einer symbolischen Verstärkung durch Ironie sprechen?

»Angst essen Seele auf« hat der Regisseur Rainer Werner Fassbinder einen seiner Filme genannt. Wo Menschen sich gegenseitig Angst machen und Angst das beherrschende Grundgefühl des Zusammenlebens ist, ersticken die Regeln, die vermeintlich Sicherheit schaffen, alles Lebendige.[111]

---

109 Vgl. Gänßbauer (1996), S. 376.
110 Zitiert nach: Gänßbauer (1996), S. 376.
111 Vgl. Ruppert, Franz: Verwirrte Seelen. Der verborgene Sinn von Psychosen. Grundzüge einer systemischen Psychotraumatologie. München: Kösel 2002. S. 81.

Dass ein Zusammenhang zwischen Angst und Fanatismus besteht, lässt sich auch biochemisch nachweisen. Forscher haben herausgefunden, dass extrem gesteigerte Angst mit einer erhöhten Ausschüttung von Noradrenalin einhergeht, was in der Folge zu einer verminderten Aktivierung alternativer Assoziationen führt und eine rigide Fokussierung auf eine bestimmte Vorstellung zur Folge hat.[112] Affekte bewirken generell eine Einengung des Bewusstseins und ein Herabsetzen der Willenskontrolle.[113] Allerdings ist der Affekt »Angst« an sich ambivalent, z. B. kann dadurch auch positiver Stress ausgelöst werden. Die Kultivierung von Feindbildern entwickelt sich unter anderem über die Externalisierung von Gefühlen der Gefahr.

An der oben zitierten Textstelle aus Fengs Novelle lässt sich auch die Passivität im Erleben von Traumen ablesen, die der Kulturrevolution vorangegangen sind. Diese Passivität und die dazugehörenden Ohnmachtsgefühle wurden von einer Generation an die nächste weitergegeben. Ohnmachtsängste können sich in Größenfantasien verkehren, besonders wenn es bereits zum Ausbruch einer psychischen Störung gekommen ist.[114]
Eine Kommunikation über die der Kulturrevolution vorangehenden Traumen konnte sich wohl auf zwei Ebenen abspielen. Entweder über die Nonkommunikation und die Herausbildung von blinden Flecken oder aber über das gezielte Erzählen von Geschichten, etwa nach dem Muster: »Dein Onkel (mein Lieblingsbruder) kam während der Hungersnot auf folgende Weise um ...«, oder: »Deine Urgroßmutter wurde von den Japanern vergewaltigt und getötet.« Franz Rup-

---

112 Vgl. Mentzos, Stavros: Psychodynamik des Wahns. In: Schwarz, Frank/Maier, Christian (Hrsg.): Psychotherapie der Psychosen. Stuttgart: Thieme 2001. S. 17–25. Hier S. 25.
113 Vgl. Adam, Klaus-Uwe: Therapeutisches Arbeiten mit dem Ich. Denken, Fühlen, Empfinden, Intuieren – die vier Ich-Funktionen. Düsseldorf, Zürich: Walter 2003. S. 64.
114 Vgl. Neraal, Terje: Familiendynamik und psychoanalytische Familienpraxis bei Psychosen. In: Schwarz, Frank/Maier, Christian (Hrsg.): Psychotherapie der Psychosen. Stuttgart: Thieme 2001. S. 136–144. Hier S. 144.

perts Ansicht zufolge wird auf diese Weise ein seelisches Bindungstrauma von einer Generation auf die nächste übertragen bzw. die junge Generation wird infiziert mit den Traumen der Vergangenheit. Die junge Generation führt somit einen »Stellvertreterkrieg« für ihre Eltern und Großeltern und demonstriert in der Entladung der Kulturrevolution die Macht ihrer Ohnmacht. Es ist ein Zeichen der tiefen seelischen Verbundenheit, dass Kinder nicht bewältigte (Trauma-)Gefühle ihrer Eltern gleichsam in sich aufsaugen, um diese emotional zu entlasten und zu stabilisieren.[115]

Bei einem Bindungssystemtrauma geht es nicht allein um einzelne Menschen, sondern hier geht es auch um die Existenz eines gesamten seelischen Bindungssystems. Das Trauma betrifft das Bindungssystem als Ganzes. Es fügt ihm als System einen schweren Schaden zu.[116]

Das Bedürfnis nach Bindung korrespondiert mit der Angst vor dem Alleinsein.[117] Insbesondere bei Bindungstraumen entstehen massive Angstgefühle und Wut. Die Angstgefühle steigern sich bis zur Panik, die Wutgefühle bis zum maßlosen Hass, wenn gleichzeitig die eigene Unfähigkeit realisiert wird, aus der Traumasituation ohne Schaden zu entkommen.[118]

Meist wird geschwiegen, was zu dunklen Geheimnissen führt, die wiederum, so Bradshaw[119], in unterschiedlichem Maße gestörte Familienverhältnisse zur Folge haben:

☐ Sie bestimmen die Art der Wahrnehmung in der Familie: Tabus, Mythen.
☐ Sie schaffen und erhalten ein beständiges Niveau intensiver Angst.
☐ Sie erhalten die Bindung der Familienmitglieder aufrecht, erschweren die Trennung.
☐ Sie isolieren den Geheimnisträger.

---

115 Vgl. Ruppert (2002), S. 91.
116 Vgl. Ruppert (2002), S. 133.
117 Vgl. Ruppert (2002), S. 87.
118 Vgl. Ruppert (2002), S. 134.
119 Vgl. Ruppert (2002), S. 269–270. Dort der Verweis auf: Bradshaw, J.: Familiengeheimnisse. Warum es sich lohnt, ihnen auf die Spur zu kommen. München: Goldmann 1999. S. 81 f.

- [ ] Sie hindern die Familie an der Aufarbeitung der Vergangenheit.
- [ ] Sie bewirken Verwirrung und Mystifikation.
- [ ] Sie fördern gestörte Familienprozesse.
- [ ] Sie begrenzen die Denk- und Fantasiemöglichkeiten der Familienmitglieder.
- [ ] Sie schaffen eine ungesunde Familienloyalität in Bezug auf einen blinden Fleck im Bewusstsein der Gruppe.
- [ ] Sie sind Wurzel obsessiven und zwanghaften Verhaltens.
- [ ] Sie führen zur Erstarrung familiärer Regeln und Rollen.

Der französische Psychotherapeut Serge Tisseron ist der Meinung, dass das Geheime die Person des Trägers spaltet.

»Diese Spaltung führt zwangsläufig zu Verhaltensweisen und Äußerungen, die das Kind als seltsam, widersprüchlich und paradox empfindet. Darüber hinaus spürt das Kind hinter diesen schmerzlichen Formen der Kommunikation das Leiden des betreffenden Elternteils, und nicht selten glaubt es, daran schuld zu sein! Verallgemeinernd kann man sagen, ein Kind, das dem Einfluss eines gespaltenen Elternteils ausgesetzt ist, spaltet sich seinerseits auf eine Art und Weise, die es seiner eigenen Psyche entfremdet.«[120]

Leider kann ich an dieser Stelle nicht auf alle Abwehrmechanismen eingehen. Ein Punkt scheint mir aber doch noch erwähnenswert: Bei der Affektisolierung ist lediglich die Tatsache (z. B. ein traumatisches Erlebnis) erinnerbar, nicht aber ihr Gefühlsgehalt. Hier arbeitet die Verdrängung selektiv, und zwar auf eine einzelne Ich-Funktion bezogen. Verdrängt wird lediglich der Anteil der Fühlfunktion bzw. der Gefühlskontext. Die Fakten der Empfindungsfunktion sind erinnerbar, nur der Fühlinhalt bleibt vom Bewusstsein ausgeschlossen.[121] Das kann einerseits

---

120 Tisseron, Serge: Die verbotene Tür. Familiengeheimnisse und wie man mit ihnen umgeht. Reinbek: Rowohlt 2000. S. 28 f. Zitiert nach: Ruppert (2002), S. 271.
121 Vgl. Adam (2003), S. 229–230.

daran liegen, dass Gefühlsinhalte nie völlig ins Fühlbewusstsein getreten sind, dass also schon zum Zeitpunkt des Erlebnisses eine Abspaltung des Fühlens bestand oder dieses noch kaum entwickelt war; andererseits kann es sein, dass die Gefühle sekundär verdrängt wurden.[122]

Was bedeutet im oben zitierten Gedankengang Bai Huis die Aussage, dass »das Leben ihres Vaters von anderen revolutioniert wurde«[123]? Ist hier eventuell auch gemeint: »Vater*land*«? Handelt es sich um ein Trauma, ausgelöst durch Eindringen der Westmächte, den Bürgerkrieg oder vielleicht gewaltsame Revolution des Vaterlandes von innen? Allerdings heißt »Vaterland« auf Chinesisch 祖国 *(zuguo)* und nicht etwa 父国 *(fuguo)*. Diese Möglichkeit der Interpretation ergäbe sich nur im Deutschen bzw. Englischen. Dennoch kann ein Zusammenhang hergestellt werden, weil im chinesischen Wort für »Land, Nation« (国家) ja das Zeichen für »Familie« steckt (家), also das Heimat- oder Vaterland als Familie im weitesten Sinne. Durch Traumatisierungen infolge von Revolutionen und Kriegen wird die »große Seele« der Menschen – letzten Endes der ganzen Menschheit – angegriffen, die ja nach Bert Hellinger den Gegensatz von Gut und Böse aufhebt, aber auch die Familienseele, die alle eint, die zu dieser Familie dazugehören, und die Körperseele, die den Körper zu einer Einheit verbindet.[124]

Viele Ergebnisse der Traumaforschung weisen in die Richtung, dass die Folgen für einen Menschen umso erträglicher sind, je aktiver er in die Traumasituation eingreifen konnte. Wer nur passiv abwartet, bis das Unglück über ihn hereinbricht, leidet an den schlimmsten Spätfolgen. Dies gilt natürlich auch für ein Kollektiv oder ein ganzes Land (Bindungssystemtrauma)[125]. Da die Rotgardisten – scheinbar – aktiv im Traumaerleben oder -ausleben waren, haben sie vielleicht eher bessere Chancen, mit der Erinnerung ans Trauma später weiterzuleben? Allerdings spielt auch die »Täterproblematik« und somit die moralische Schuld hierbei eine Rolle.

---

122 Vgl. Adam (2003), S. 278.
123 Zitiert nach: Gänßbauer (1996), S. 376.
124 Vgl. Ruppert (2002), S. 62.
125 Vgl. Ruppert (2002), S. 137.

Ich denke, dass Interaktionen, bei denen man als agierender Mensch aktiv eingreift, eher erinnerbar sind, während Interaktionen, bei denen man passiv abwartet, eher ins Unbewusste wandern und somit verdrängt werden.

Exkurs/Analogie: Jonathan Spence schrieb, Mao habe kurz vor seinem Tod gesagt, diese Revolution sei unvollendet geblieben und er könne nichts anderes tun, als diese Aufgabe an die folgende Generation weiterzugeben.»Was wird mit der nächsten Generation, wenn alles schiefläuft?«, fragte er.»Es wird üblen Wind und blutigen Regen geben. Wie ihr damit fertig werdet, weiß nur der Himmel.«[126] Es ist meines Erachtens nicht einfach, diese Aussagen Maos zu interpretieren bzw. sie in den Gesamtzusammenhang der Arbeit einzubinden. Sie nur so stehen zu lassen, erscheint mir aber auch nicht gut.

Mein erster Gedanke: Spricht hier ein Psychopath bzw. ein seelisch gestörter Mensch? Um mit der Terminologie der ICD-10[127] zu arbeiten: Litt der Architekt des Sozialismus in China an einer dissozialen Persönlichkeitsstörung? Eine Persönlichkeitsstörung bei Mao soll an dieser Stelle nur angedeutet werden, ich habe hierfür keine wissenschaftlichen Belege finden können.

Die Persönlichkeit eines Menschen wird als Ergebnis einer einzigartigen Geschichte von Wechselwirkungen zwischen konstitutionellen (genetische Ausstattung, Temperament) und biographischen (Beziehungs- und Lerngeschichte) Faktoren angesehen.[128] Störungen findet man auf den Ebenen des Wahrnehmens, Denkens, Fühlens, der Impulskontrolle und in zwischenmenschlichen Beziehungen (ICD-10).

Historiker und Psychologen werden klären müssen, ob bei Mao ausgeprägte psychopathologische Züge zu finden sind. Die Aufarbeitung der Person Mao

---

126 Spence, Jonathan: Mao. München: Claassen 2003. S. 244.

127 International Classification of Diseases. Tenth Revision. Konsens der WHO-Experten.

128 Vgl. Herpertz, Sabine C.: Persönlichkeitsstörungen. In: Falkai, Peter/Pajonk, Frank-Gerald: Psychotische Störungen – Systematische Therapie mit modernen Neuroleptika. Stuttgart: Thieme 2003. S. 79–92. Hier S. 79.

und seiner Psyche ist unerlässlich, auch um die schwere seelische Erblast, die die Kulturrevolution in der Bevölkerung hinterlassen hat, zu zerstreuen.

Am Rande möchte ich hier erwähnen, dass man bei Hitler heute von einer Borderline-Persönlichkeitsstörung ausgeht.[129] Hitler geriet mitunter auch in wahnhafte Zustände, die aus psychiatrischer Sicht die Diagnose einer paranoid-halluzinatorischen Psychose nahelegen, wie man etwa bei Franz Ruppert nachlesen kann.[130]

Im Folgenden beziehe ich mich auf eine Aussage von Franz Ruppert[131]. Ich stelle seine These jedoch bewusst in einen anderen Kontext, indem ich »Hitler« durch »Mao« und »die Deutschen« durch »die Chinesen« ersetze:

Der große Ver-Führer traumatisierter Massen: Vielleicht gerade wegen und nicht trotz seiner emotionalen Gestörtheit und Bindungsunfähigkeit war *Mao* in einer für *die Chinesen* und ihr Nationalgefühl traumatisierenden Phase der Geschichte für viele Menschen eine Projektionsfläche ihrer eigenen seelischen Zerrissenheit und Verwirrung, ihrer panischen Ängste, ihrer Verzweiflung, ihrer Ohnmachtsgefühle und ihrer Hoffnungen auf einen Erlöser.

3.2.1.2 Schuldfrage, Literaturkritik und Historikerfunktion

Feng Jicais Kurzroman bzw. Novelle »Der blumenumsäumte Abweg« erscheint dem Leser als Akt der Selbstbefreiung des Autors von den als dämonisch empfundenen Kräften der Kulturrevolution. Die Schuldfrage wird gestellt, aber nur auf die »Viererbande« reduziert beantwortet. Es ist die Rede von einigen wenigen »Verschwörern und Betrügern«, die gleichsam unschuldige Menschen auf Abwege gelockt hätten. Zwar entfaltet Bai Huis Vater vernünftige Auffassungen, die individuelles Denken und Wahrheitssuche befürworten, doch schreibt Bai Hui

---

129 Vgl. Ruppert (2002), S. 393 f.
130 Vgl. Ruppert (2002), S. 395.
131 Vgl. Ruppert (2002), S. 411.

ihre Schuld am Ende fast gänzlich politischer Irreführung zu. Zornig prangert der Autor eine kleine Gruppe von Schuldigen an. Zugleich mahnt er aber auch, dass Wahrheitssuche sich manchmal schwierig und schmerzlich gestaltet.[132] In Goethes Schauspiel »Torquato Tasso« heißt es: »*Durch Heftigkeit ersetzt der Irrende, was ihm an Wahrheit und an Kräften fehlt.*«

Schuldgefühl entsteht in Situationen, in denen wir (in der Tat oder in der Fantasie) diejenigen angreifen, betrügen, manipulieren, erniedrigen oder beneiden, die wir zu lieben meinen oder wünschen.[133]

Fengs Kurzroman »Der blumenumsäumte Abweg« wird von mehreren westlichen Literaturkritikern, wie z. B. von Bonnie McDougal oder auch von Monika Gänßbauer, sehr kritisch gesehen. »Der Roman wirkt heute nur noch als moralisierende, melodramatische und wenig originelle Rotgardisten-Geschichte.«[134] Gänßbauer wirft in ihrer Dissertation die Frage auf, ob die zum Teil fehlende Brillanz der Literatur Fengs (als Beispiel nennt sie u. a. die Sportgeschichten) individuell determiniert sei oder ob sie eine Folge der betriebenen negativen Kulturpolitik und den damit verbundenen Einschränkungen sei.[135]

Ich habe Fengs Erstlingswerk über die Kulturrevolution deswegen breit und ausführlich dargestellt, weil er möglicherweise, als eine Art *Primacy Effect*, das als Erstes verarbeitet hat, was ihm am stärksten »auf der Seele« lag. Er selbst sagt auch, dass er in seinem ersten Werk viel Affekt, also Gefühl, zeigt und die Geschichte mit wenig Distanz, also mit viel Nähe, schildert. Möglicherweise bietet sein späteres Schaffen einen distanzierteren und vor allem reflektierteren Zugang.

1979 folgte der Kurzroman »Ach!«, der 1981 von der »Wenyibao« (Literary Gazette) zur besten Erzählung der Jahre 1979/80 gewählt wurde und wohl bis

---

132 Vgl. Gänßbauer (1996), S. 379–380.
133 Vgl. Ruppert (2002), S. 82. Dort der Verweis auf: Stierlin, Helm: Von der Psychoanalyse zur Familientherapie. Stuttgart: Klett-Cotta 1980. S. 183.
134 Gänßbauer (1996), S. 382.
135 Vgl. Gänßbauer (1996), S. 417.

heute, zusammen mit dem Werk »100 Einzelschicksale«, als bestes Werk Feng Jicais über die Kulturrevolution gelten kann.[136]

In »100 Einzelschicksale« verschwimmen die Rollen von Tätern und Opfern ganz. Feng will hier zeigen, dass eine Extremsituation nicht die Kategorien »schuldig« und »schuldlos« kennt, sondern die Menschen oft willkürlich zwischen der Opfer- und der Täterrolle hin und her schleudert.[137]

Der Roman »Ach!« schließt mit dem Satz: »*Um unserer Zukunft willen müssen wir die Vergangenheit ewig im Gedächtnis bewahren.*«[138] Diese Aussage steht auch in Verbindung mit Fengs Selbstverständnis als Autor.

Feng schildert an anderer Stelle ein Schlüsselerlebnis, das ihn anregte, schriftstellerisch tätig zu werden. Ein Freund besuchte ihn während der Kulturrevolution und äußerte die Befürchtung, dass die Geschehnisse der Kulturrevolution keine Chronisten fänden. Seitdem treibt Feng die Frage an, wer den nachfolgenden Generationen dann vermitteln werde, was wirklich geschah.[139]

> »Ich entdeckte mein Verantwortungsbewusstsein. Es wurde mir klar, dass ich mein Land und mein Volk liebte, dass ich […] einen Beitrag für die Zukunft meines Landes leistete.«[140]

3.2.1.3 Ich-Funktionen, Komplexfelder und Hybris

In Fengs Werk »100 Einzelschicksale« gibt es eine Geschichte mit dem Titel »Erhabene Opfer« *(Weida de shounanzhemen)*. Ein männlicher jugendlicher Interviewpartner berichtet von der Vergewaltigung seiner Schwester und von den

---

136 Vgl. Gänßbauer (1996), S. 383.
137 Vgl. Gänßbauer (1996), S. 416.
138 Zitiert nach: Gänßbauer (1996), S. 383.
139 Vgl. Gänßbauer (1996), S. 399.
140 Zitiert nach: Gänßbauer (1996), S. 400.

großartigen Leistungen seiner Generation in der Kulturrevolution. Hin- und hergerissen zwischen diesen beiden Themen sagt er in einem Nebensatz etwas sehr Bemerkenswertes: »*Aber ich habe Angst mich zu verlieren.*«[141]

Im Folgenden möchte ich versuchen, zu entwickeln, wofür diese Aussage (intrapsychisch) stehen könnte.

Denken, Fühlen, Empfinden, Intuieren, das sind nach der Persönlichkeitstypologie von C. G. Jung die vier Ich-Funktionen.

Angst war eine treibende Kraft in der Kulturrevolution. Angst ist aber auch ein globales Symptom bei allen psychiatrischen Störungsbildern. Paradoxerweise findet man bei Angstneurotikern generell eine schwache bzw. undifferenzierte Fühlfunktion.[142] Dies lässt meines Erachtens auch auf die Kulturrevolution Rückschlüsse zu: Mit der Angst als ständigem Begleiter ist es vielleicht nicht die Denk- oder Empfindungsfunktion, die zu undifferenziert ist, sondern die Fühlfunktion. Menschen können dann die Angst bei sich selbst und bei anderen nicht fühlen.[143]

»Alexithymie« ist ein Begriff aus der psychosomatischen Forschung und bedeutet die Unfähigkeit, Gefühle bei sich und anderen wahrzunehmen, zu erleben oder zu artikulieren.

Die Fühlfunktion wertet nach ganz anderen Gesichtspunkten als die Denkfunktion, zielt mehr auf die Atmosphäre, auf die zwischenmenschliche Beziehung, auf den Stimmungsgehalt von Umständen und situativen Verhältnissen ab. Ihr Kommentar ist dabei keineswegs subjektiv, im Sinne von zufällig, sondern durch jede andere differenzierte Fühlfunktion nachfühlbar.[144] Die unreife Fühlfunktion arbeitet nicht »richtig« und die Denkfunktion (negatives Denken, Fanatisierung, Feindbilder) versucht, die Ich-(Fühl-)Schwäche zu kompensieren. Wenn man dieses Konzept mit dem oben beschriebenen Ansatz von Franz Ruppert (Bin-

---

141 Zitiert nach: Gänßbauer (1996), S. 462.

142 Vgl. Adam (2003), S. 238 f.

143 Das zerebrale Substrat dazu ist das Nichtanspringen der Amygdala(e) im limbischen System bei entsprechendem Angstreiz (z. B. durch das Zeigen von Fotos mit ängstlichen Gesichtern, während die Gehirnaktivität des Probanden mit funktionellem MR gemessen wird).

144 Vgl. Adam (2003), S. 59.

dungssystemtrauma) verbindet, könnte man argumentieren, dass es durch das seelische Bindungssystemtrauma auch zu einer Ich-Schwäche und meines Erachtens zu einer Entdifferenzierung der Fühlfunktion kommt. Jede unreife Funktion der Urteilsebene ist intolerant, launisch, vorurteilsvoll, irgendwie unberechenbar und ungesteuert.[145]

Vielleicht kommt es – ähnlich wie bei einem akut psychotischen Schub – zusätzlich zu einer Überschwemmung von (mit Komplexen überladenen) unbewussten Inhalten durch die Intuitionsfunktion, denen die Urteilsfunktionen (Denken und Fühlen) nicht mehr standhalten können, weil sie selbst noch zu wenig entwickelt sind. Bei Zwangshandlungen findet man eine Überbetonung der Empfindungsfunktion, um die Intuition abzuwehren, bei Zwangsgedanken eine Überbetonung der Denkfunktion, um das Fühlen abzuwehren. Die Menschen in der Kulturrevolution fürchteten sich wohl letzten Endes vor den Inhalten der Intuition, vor dem Infiziertwerden mit den Traumen der Vergangenheit. Aggressivität finden wir bei einer Ausklammerung oder einem Stau des geistigen Bereiches der Intuition.[146]

Das »Gedächtnis der Intuition«[147] funktioniert nach Klaus-Uwe Adam folgendermaßen: Die Intuition reicht, psychologisch gesprochen, ins kollektive Unbewusste und ins Reich der Archetypen. Sie ermöglicht sowohl den Rückgriff auf persönliche Einfälle aus der eigenen Lebensgeschichte als auch den Zugriff auf das Gesamtwissen der Menschheit. In dieser Weise verstanden, ist die Intuition eine »Akasha-Chronik« (ein Begriff aus der Theosophie, der einen hypothetischen Speicher aller abgelaufenen Vorgänge und Ereignisse der Welt bezeichnet).[148]

Den Zustand des Menschen, der sich in den Wirren der Kulturrevolution selbst verliert, kann man also als eine Reaktion oder einen »Rückgriff« auf die Wirren vergangener Zeiten (nicht nur in China) sehen.

---

145 Vgl. Adam (2003), S. 401.
146 Vgl. Adam (2003), S. 281.
147 Adam (2003), S. 91.
148 Vgl. Adam (2003), S. 91.

Da im asiatischen Raum introvertierte Ich-Funktionen meist stärker ausgeprägt sind, sind sie auch mehr mit Unbewusstem behaftet.[149]

Die Gesamtheit der Psyche, die das Ich enthält, wird innerhalb der analytischen Psychologie C. G. Jungs »Selbst« genannt. Das Selbst ist einerseits die Totalität der Psyche und andererseits (als zentrale Selbstinstanz) ein Ordnungszentrum, das in der Tiefe alle Vorgänge steuert oder beeinflusst.[150] Konkurrenz kann das Selbst dabei nur vom Ich bekommen, dem Ordnungs- und Steuerungszentrum des Bewusstseins. Diese zunehmende Bedeutung des Ich-Bewusstseins für die Planung, Regelung und Bewältigung unseres Lebens, für den Umgang mit inneren Impulsen und für die Beherrschung von Natur und Außenwelt birgt aber eine Problematik in sich. Wenn das Ich seine Ziele mit dem Selbst, dem unbewussten Regulator, nicht abstimmt, kann es nämlich in Gegensatz dazu geraten, womit ein innerliches Uneinssein und eine eventuell neurotische Dissoziation in der Persönlichkeit vorprogrammiert sind.[151] Jedoch bleibt eine wie immer geartete Verbindung zwischen den beiden Zentren bestehen, über die ein Informationsaustausch und eine Kommunikation laufen. Diesen Verbindungsstrang nennt man nach Erich Neumann (1974) die »Ich-Selbst-Achse«[152].

Wir unterteilen das Unbewusste nach Jung in das ichnähere persönliche Unbewusste und das ichfernere kollektive Unbewusste. Über das kollektive Unbewusste haben wir u. a. Anschluss an das universelle Geistesgut der Menschheit, das in den Mythen, Riten und Gebräuchen der Völker, dem religiösen und profanen Wissen seinen Niederschlag gefunden hat. Die Wirkelemente im kollektiven Unbewussten sind die »Archetypen« – energiereiche, komplexartige Gebilde, die als Wirkfelder in der Psyche Erfahrungen strukturieren und Verhalten wie Vorstellungen determinieren. Wenn sich in diesen beiden Regionen, im persönlichen

149 Vgl. Adam (2003), S. 109 f.
150 Vgl. Adam (2003), S. 34.
151 Vgl. Adam (2003), S. 35.
152 Vgl. Adam (2003), S. 34. Dort der Verweis auf: Neumann, Erich: Ursprungsgeschichte des Bewusstseins. Mit einem Vorwort von C. G. Jung. München: Kindler 1974.

wie im kollektiven Unbewussten, Komplexe bzw. ganze Komplexfelder (wie im Falle des jungen Chinesen bei Feng etwa ein Minderwertigkeitskomplex) entwickeln, so lagern sie sich zwischen dem Ich-Zentrum und dem Selbst-Zentrum an, sodass der Austausch zwischen Ich und Selbst blockiert ist. Bei einem Minderwertigkeitskomplex hat man die Tendenz, sich selbst und andere abzulehnen.[153] Komplexe entziehen dem Bewusstsein Energie (oder überfluten es mit Affektenergie bei Komplexentladungen).[154]

Die komplexartigen Gebilde der reinen Archetypen dagegen sind normalerweise und primär Energielieferanten aus der Tiefe. Diese Energielieferanten wurden meines Erachtens im Zuge der Kulturrevolution blockiert, weil die unbewussten Anteile der überlieferten chinesischen Kultur, die diesen Archetypen zugrunde liegt, ausgeklammert wurden.

Eine Parallele ist meines Erachtens auch der Ansatz Volkans[155] und Rupperts mit der Herbeiführung eines seelischen Bindungssystemtraumas (beim Feind) durch die Zerstörung der (religiösen) Symbole des Zusammenhalts eines Volkes bei kriegsartigen Zuständen. Im Falle Chinas handelt es sich zwar nicht um die Zerstörung, aber um eine zeitweise Ausklammerung der Energien der Archetypen, die wohl eher endogen, also von innen kommend ist.

Durch einen Minderwertigkeitskomplex kann das Denken also im negativen Modus blockiert sein und der Komplex erfährt somit weitere Bestätigung.[156] Das Ich und die Ich-Kontrolle sind dabei weitgehend ausgeschaltet.

Das Hin-und-her-Gerissensein des jungen Interviewpartners in Fengs Geschichte »Erhabene Opfer« steht meines Erachtens symbolisch für die beschriebene Dynamik. Er hat Angst, sich *selbst* zu verlieren bzw. die Kommunikation zwischen seinem Ich und seinem Selbst zu stören. Die Zerstörung oder Blockierung der Archetypen sieht er als großartige Leistung seiner Generation an. Das ist wohl als

---

153 Vgl. Adam (2003), S. 222.
154 Vgl. Adam (2003), S. 370.
155 Vgl. Ruppert (2002). Dort der Verweis auf: Volkan, Vamik D.: Das Versagen der Diplomatie. Zur Psychoanalyse nationaler, ethnischer und religiöser Konflikte. Gießen: Psychosozial Verlag 1999.
156 Vgl. Adam (2003), S. 38.

Ausdruck seiner großen seelischen Verwirrung zu werten. Interessant ist in diesem Zusammenhang auch der Ansatz von Kohut, der das Selbst als etwas Bipolares sieht: ein Kontinuum zwischen Ehrgeiz und Zielvorstellungen (Idealen).[157] Interessant ist auch ein Punkt, den die eingangs erwähnten chinesischen Philosophen aufwerfen: die Entstehung der Hybris. Wenn aus der energetisch fruchtbaren Gegensatzspannung zwischen dem Ich und dem Unbewussten (Selbst) eine Dissoziation, ein Auseinanderfallen und ein unverbundener Gegensatz entstehen, entwickelt sich die Hybris. Es gibt also Entscheidungen und frühe Weichenstellungen des Ich-Bewusstseins, die das Ich mit dem Gefühl »gottgleicher« Machtvollkommenheit weit von sich wegführen. Dieses Phänomen der Hybris ist als Seinsmöglichkeit und Begriff erstmals im klassischen Griechenland aufgekommen, als auf der mentalen Bewusstseinsstufe mit der sich schärfenden Denkfunktion zum ersten Mal eine solche Ich-Anmaßung möglich wurde.[158]

In diesen Zusammenhang gehört auch die Aussage Mephistos in Goethes »Faust«-Tragödie: *»Dir wird gewiss einmal bei deiner Gottähnlichkeit bange.«* Spannend ist, wie Klaus-Uwe Adam die Hybris in Zusammenhang mit der Reife bringt.[159]

Neurose ist also als ein »Sich in Gegensatz zu Gott Stellen« zu verstehen; tiefenpsychologisch wird dieser wirkintensive Faktor als *Selbst* bezeichnet. Die Aufhebung der lauschenden Bezogenheit des Ich zum Selbst und das In-Gegensatz-Treten zu ihm, seine Verneinung und Ablehnung sind die dissoziierenden Momente, die zur Neuroseentstehung führen.[160]

Meines Erachtens ist diese übergroße Hybris auch der Grund dafür, dass die Menschen, die in die Aktionen der Kulturrevolution verwickelt waren, ihr Movens im Nachhinein oft als lächerlich abtun. Die Taten ins Lächerliche zu ziehen und somit auch zu verharmlosen, hat für die Betreffenden sicher auch eine Schutzfunktion.

---

157 Vgl. Schwarz, Frank: Selbstpsychologie. In: Schwarz, Frank/Maier, Christian (Hrsg.): Psychotherapie der Psychosen. Stuttgart: Thieme 2001. S.10-16. Hier S.10f.

158 Vgl. Adam (2003), S.185.

159 Vgl. Adam (2003), S.185.

160 Vgl. Adam (2003), S.186.

3.2.2 Trauma und Liebe

3.2.2.1 Zhang Kangkang

Die Schriftstellerin Zhang Kangkang wurde 1950 in Hangzhou geboren und stammt aus einer Intellektuellenfamilie. Während der Kulturrevolution wurde sie in ein kleines Dorf nach Nordostchina verschickt. In dieser Zeit lernte sie, über die Dinge, die sie sieht und fühlt, zu schreiben. 1972 begann sie erstmals ihre Arbeit zu veröffentlichen. Von 1977 bis 1979 studierte sie an der Kunsthochschule in Heilongjiang. 1979 wurde sie Mitglied des Zweigverbandes Heilongjiang des chinesischen Schriftstellerverbandes und machte somit das Schreiben zu ihrem Beruf. Im Herbst desselben Jahres veröffentlichte sie auch die Erzählung »Das Recht auf Liebe«. Besonders nach der Kulturrevolution, im Zuge der allgemeinen Liberalisierung der politischen Verhältnisse, beginnt sie sehr viel zu veröffentlichen.[161]
Hier ein kurzer Überblick über Zhangs Hauptwerke:

»Nordlicht« *(Beiji Guang)*   »Die Bildungslücke« *(Kongbai)*
»Der Pfingstrosenpark« *(Mudan Yuan)*   »In die Ferne« *(Qu yuan fang)*
»Verlorene Jahre«   »Die Seele des Reiches« *(Guohun)*
»Der ferne Klang der Glocke«   »Das ist es nicht, was ich will«
»Funkelnde Eislaternen« *(Jingying)*

3.2.2.2 »Das Recht auf Liebe«

Die Erzählung »Das Recht auf Liebe« bringt die Haltung der Partei zum Thema »Liebe« ganz deutlich zum Ausdruck: Der Mensch, den man lieben will und darf, muss sich dem Volk verbunden fühlen und sein Beruf muss dem Volk von Nut-

---

161 Zhang Kangkang: Das Recht auf Liebe. Übers. v. Claudia Magiera. München: Simon & Magiera 1982.

zen sein. Die weibliche Hauptfigur Shu Bei beginnt sich in dem Augenblick in Li Xin zu verlieben, in dem sie seinen Mut erkennt, seine Meinung unerschrocken kundzutun und ungerechte Bedingungen zu bekämpfen.

In Zhang Kangkangs »Recht auf Liebe« habe ich eine Stelle entdeckt, die man als Sinologe kennen sollte:

> »Doch schließlich sprach er die folgenden Worte, die Shu Bei nie vergessen würde. Li Xin meinte ernst, die Mutter habe mit ihrem Tod gegen Vernichtung der Kunst und die Erniedrigung der menschlichen Würde protestieren wollen. Sie sei gestorben, eben weil sie das Leben, das Vaterland so sehr liebte. Lieber hatte sie sterben wollen, als nicht lieben zu dürfen.«[162]

Endlich werden in der Literatur diese quälenden Deprivationen in den Bereichen Liebe und Privatsphäre thematisiert, die die chinesische Bevölkerung durchstehen musste. In der Fachsprache würde man das wohl eine (kollektiv) fehlende narzisstische Zufuhr nennen, die man als Mensch dann auch kompensieren kann bzw. muss.

Traumen, so Ruppert, kann man letztlich nur mit Liebe heilen![163] In der griechischen Mythologie war Psyche die Geliebte von Amor, dem Gott der Liebe![164] Das chinesische Wort für Psychologie ist 心理学!

Die Liebe ist für uns Menschen das angenehmste Gefühl in unserer Seele. Alle Menschen streben im Grunde nach Liebe, wollen geliebt werden und möchten selbst lieben. Wer der Liebe den Rücken zukehrt, macht dies einzig aus enttäuschter Liebe. Enttäuschungen führen aber zu keinem Erlöschen des Verlangens. Oft verwandelt sich die Enttäuschung, nicht geliebt zu werden, in das Bedürfnis nach Anerkennung. Da das Streben nach Anerkennung das nicht gestillte Bedürfnis nach Liebe aber nicht befriedigen kann, ist es meist maß- und ziellos und nimmt einen

---

162 Zhang Kangkang (1982), S. 40.
163 Vgl. Ruppert (2002), S. 36.
164 Vgl. Ruppert (2002), S. 57.

suchtartigen Charakter an.[165] Das kann man meines Erachtens auch als Parallele zur Beschreibung der Fanatisierung der Rotgardisten bei Feng Jicai (u. a.) sehen.

3.2.3 Exkurs: Chinas »sexuelle Revolution« und *Civil Society*

Im Jahr 2003 übernahm Hu Jintao das Amt des Staatspräsidenten der Volksrepublik China, das er bis 2013 innehatte. Im Oktober 2003 erschien im »Spiegel« ein Artikel von Fritjof Meyer mit dem Titel: »China: Beginn der sexuellen Revolution«. Darin heißt es, der neue Präsident habe das Ohr am Volk, vor allem höre der 44-jährige Vater zweier Kinder auf die junge Generation.[166] Am 1. Oktober 2003 traten neue »Regeln zur Heiratsregistrierung« in Kraft. Meyer schreibt dazu:

»Bis dahin mussten Ehelustige zwei Bedingungen erfüllen: Einmal sich einem Gesundheitscheck unterziehen, der nun auf Schwangerschaft und Geburt verlagert wird. Zum anderen war vorgeschrieben, die Genehmigung ihres Betriebes, der ›Arbeitseinheit‹, oder des ›Nachbarschaftskomitees‹ einzuholen. Den Ehekonsens erteilte also entweder der Betriebsparteisekretär oder der Blockwart. Letzterer vollzog auch die amtliche Registrierung des Lebensbundes.
Diese Hürden vor der Heirat sind nun aufgehoben. Verboten bleibt die Eheschließung, wenn der Mann noch nicht 22 und die Frau unter 20 Jahre alt und einer von beiden bereits anderweitig verheiratet ist, außerdem bei einer Erbkrankheit. In China herrscht ›Eugenik‹, die im Westen mit Recht dem Faschismus zugeordnet wird.
Fortan registriert die Eheschließung das Einwohnermeldeamt.«[167]

---

165 Vgl. Ruppert (2002), S. 80.
166 Meyer, Fritjof: China. Beginn der sexuellen Revolution. In: Spiegel Online, 24.10.2003. URL: http://www.spiegel.de/politik/ausland/0,1518,271063,00. html (Abrufdatum: 02.10.2015).
167 Vgl. Meyer (2003).

Meyer kommentiert die Einführung dieser neuen Regelungen folgendermaßen: »Das ist ein unerhörter Durchbruch: Die Partei und der ihr gehörende Staat ziehen sich aus der Privatsphäre der Bürger zurück. Abschied vom Totalitarismus – das freie Leben beginnt.«[168]

»Vergessen«, so Meyer in seinem Artikel, seien »die Terrorjahre der Kulturrevolution von 1966 an, als ein öffentlicher Kuss undenkbar war und nur im fortschrittlichen Shanghai die Liebespaare wagten, an der Uferpromenade, dem ›Bund‹, ein wenig zu kuscheln.«[169]

Strenge Regeln gelten noch in vielen Provinzen, »nicht aber in Shanghai und anderen Großstädten, wo Liebespaare heute zusammenleben und auch Wohngemeinschaften entstanden sind. […] Nach einer Internet-Umfrage begrüßten 85 % der Befragten die Aufhebung der Schranken.«[170]

Ich habe mich deswegen entschlossen, den Artikel Meyers aus dem »Spiegel« in dieser Breite in meine Arbeit einzubinden, weil man daran auch ganz gut erkennen kann, wie ein als »seriös« geltendes westliches Medium mit dieser Problematik umgeht. Der Autor ist eigentlich eher ein Russland-Experte und schreibt recht »reißerisch«. Es ist für uns Sinologen zentral, das China-Bild anzuschauen und zu interpretieren, welches im Westen den »Nicht-Sinologen« präsentiert wird. Ob man wirklich davon ausgehen kann, dass die Terrorjahre der Kulturrevolution »vergessen« sind, sei dahingestellt. Allerdings ist über den Aufbruch in ein marktwirtschaftlich orientiertes System vielleicht viel verdrängt worden. Es bleibt die Frage, ob die Wunden, die ja durch Tian'anmen wieder aufgerissen worden sind, nun im Zuge einer recht breit angelegten Öffnung der Gesellschaft wirklich ausheilen können. Es bleibt weiterhin die Frage, inwieweit eine Gesellschaft wachsen und reifen kann, die Menschen z. B. aufgrund von Erbkrankheiten vom gesellschaftlichen Leben ausschließt und sie nicht den Bund der Ehe eingehen lässt.

Eine Parallele hierzu ist meines Erachtens die im Westen geführte Diskussion,

168 Vgl. Meyer (2003).
169 Meyer (2003).
170 Vgl. Meyer (2003).

ob Homosexuelle heiraten dürfen. Auch hier verwehrt man Menschen, die sich auf dieser zutiefst menschlichen Ebene begegnen, das Recht auf Ehe. Die Aussage Siegfried Nagls, des »christlich-sozialen« Bürgermeisters meiner Heimatstadt Graz, Homosexuelle mögen über ihren Glauben von ihrer Homosexualität abkommen[171], sowie die Weigerung des ehemaligen republikanischen US-Präsidenten Bush, Homosexuellen ein so fundamentales Menschenrecht wie das Recht auf eine offizielle Lebensgemeinschaft zu gewähren, wie auch die Aussagen des Vatikans zu diesem Thema zeigen beispielhaft, dass auch im Westen diskriminiert wird. Wir finden vom Westen initiierte, tolerierte und ungerechtfertigte Kriege sowie versteckte und offene Diskriminierungen, die alle Lebensbereiche betreffen und Grundsätzliches in Frage stellen. Meines Erachtens kann man weder in China noch in den westlichen Demokratien von wirklich gelebter 大社会 bzw. *Civil Society* sprechen.

3.3 Resümee

Die Chinesen scheinen eine regelrechte Faszination an ihrer eigenen Traumatisierung ausgelebt zu haben, doch waren ihre Beweggründe und ihr Movens höchst ambivalent. Die Philosophen und Literaten haben schnell, beginnend in den 80er Jahren, einen kollektiven Lernprozess eingeleitet, um die Konflikte zu enttotalisieren und dazu beizutragen, dass der Teufelskreis der Traumatisierung endlich gestoppt wird, um durch »Wahrheit den Wahn zu heilen«.
Wie in Kapitel 3.1 dieses Buches gezeigt, waren die Philosophen uneins in der Frage, wie sich die »Hybris« entwickeln konnte. Im Fremdwörter-Duden findet man unter dem Stichwort »Hybris« die Erklärung: »Selbstüberhebung (bes. ge-

---

171 Vgl. Sittinger, Ernst: Heißes Thema. In: Die Presse, 20.12.2003. URL: http://diepresse.com/home/panorama/welt/201239/Heisses-Thema (Abrufdatum: 02.10.2015).

gen die Gottheit)«[172]. Im Falle der Kulturrevolution in der Volksrepublik China müsste dies heißen: Selbstüberhebung FÜR die Gottheit (Mao). Aufgestaute Aggressionen und unerfüllte Spiritualität[173] sind meines Erachtens den Massen in der Kulturrevolution zum Verhängnis geworden.

So wichtig der Lernprozess auch ist, der in China vorangetrieben wird, sollte man sich immer auch vergegenwärtigen, dass der schönste Lernprozess nichts nützt, wenn er nur innerhalb der Eliten »gelebt« wird und nicht von den Massen getragen bzw. praktiziert wird. Zusätzlich scheint mir dieser Lernprozess der Eliten, wie er in China stattfindet, eine Intellektualisierung, also ein weiteres einseitiges Abwehren von Fühlen und Intuieren über die Denkfunktion zu sein. Diese kollektive (Affekt-)Isolation führt dazu, dass mit den Erinnerungen eher sachlich-rational, aber nicht gefühlshaft-betroffen umgegangen wird. Die »Gefühlsmedaille« hat zwei Seiten, deren eine die Angst ist. Die andere Seite zeigt das Bild der Aggressivität. Generelles Ziel ist – in aller Vorsicht – die Bewusstmachung der Aggressivität und die Erschließung der Fühlfunktion, damit diese zum Steuerorgan der aggressiven Emotionen werden kann. Nur so wird sich die Alexithymie beheben lassen und die Menschen werden zu einem differenzierten Gefühlsausdruck befähigt. Spannend finde ich den Weg in diese Richtung, den etwa Liu Xiaobo für sich gefunden hat.

Es gibt eine interessante Zeile von Sören Kierkegaard: »*Verstehen kann man das Leben nur rückwärts, leben aber muss man es vorwärts.*« Anstatt traumatisierte Anteile der Seele abzuspalten, sollte man die vorhandenen Energien dafür einsetzen, diese Anteile in die Persönlichkeit zu integrieren, um aus dem Erfahrenen Positives zu ziehen. Traumatisierte Menschen, ob nun in China oder im Westen, müssen meines Erachtens auch lernen, ihre Fähigkeit zur *Selbstaktualisierung* zu entwickeln, um im Alltag besser bestehen zu können. Literatur und Philosophie, auch Film und Musik können eine Brücke darstellen, aber überschreiten muss sie jeder selbst.

Es gibt einen großen Unterschied zwischen »Beziehung« und (seelischer) »Bin-

---

172 Vgl. Sittinger, Ernst: Heißes Thema. In: Die Presse, 20.12.2003. URL: http://diepresse. com/home/panorama/welt/201239/Heisses-Thema (Abrufdatum: 02.10.2015).
173 Duden: Das Fremdwörterbuch. Mannheim, Zürich: Dudenverlag 2011. S. 437.

dung«. Seelische Bindung, so Ruppert[174], entsteht über den Austausch von Gefühlszuständen. Im Kapitel 3.2 dieses Buches habe ich über Bindungstraumen zwischen den Generationen sozusagen auf vertikaler Ebene berichtet, aber die Sache mit der seelischen Bindung muss man auf multiplen Ebenen betrachten. Da aber die Menschen in China ihren Gefühlen gar nicht richtig Ausdruck verleihen konnten/können und somit – relativ – bindungsunfähig waren/sind, sollte man wohl besser von einer »unspezifischen Fixierung« sprechen. Obwohl nur wenige Leute eine Beziehung zu Mao hatten, so glaube ich doch, dass die Massen eine, wenn auch einseitige, seelische »Fixierung« zu ihm aufgebaut haben, die auch wieder auf neuere Generationen übertragen wird. Sosehr dieser Vergleich auch unpassend anmutet, Parallelen finden wir heute in der westlichen Entertainment-Industrie, wenn Fans ihre Stars bedingungslos verehren. Allerdings haben die Produkte aus dieser Unterhaltungsindustrie, wie Musik oder Filme, eine wichtige, meines Erachtens nicht zu unterschätzende Kommunikationsfunktion, die auf fast alle Menschen, nicht nur auf Eliten, Einfluss hat. In China hat vor allem die junge Generation – u. a. durch die Kultivierung von dunklen Geheimnissen aus der Vergangenheit zu einer kollektiven Ich-Schwäche »erzogen« – lieber den Preis der Verrücktheit und der Gewalt auf sich genommen, als sich aus dieser tiefen seelischen Bindung bzw. Fixierung auf Mao und seine Ideologie zu lösen, die die Gefühle zutiefst verwirr(t)en. Die Affektisolierung und besonders die Undifferenziertheit bzw. Unreife der Fühlfunktion begründen meines Erachtens diese Ich-Schwäche.

Unter »Ich-Schwäche« wird ein Mangel an Funktionsfähigkeit des Ich verstanden, wodurch die Anpassung an die Welt verschlechtert oder nicht ausreichend gewährleistet wird. Der Begriff »Ich-Schwäche« wurde 1929 von Hermann Nunberg eingeführt und später von Ernst Federn (1952) aufgegriffen, der damit weiterarbeitete.[175]

Mao war sich bewusst, ein »Star« der Massen, ein transzendentaler (Ver-)Führer und DAS sinnstiftende Moment überhaupt zu sein, und er versuchte, mit sei-

---

174 Ein indischer Wissenschaftler fordert jetzt auch einen spirituellen Intelligenzquotienten.
175 Vgl. Ruppert (2002).

ner Ideologie das *existenzielle Vakuum*[176] zu füllen. Hier kommt man vielleicht auch mit einem Begriff der systemischen Psychotherapie weiter: *Delegation*. Die Massen haben ihre Ich-Funktionen nicht selbst entwickelt oder differenziert, sie haben diese so wichtige Entwicklung, die sie selbst hätten machen müssen, auf Maos System delegiert. Stavros Mentzos hat auf ein Phänomen aufmerksam gemacht, er hat den Ausdruck des (im Falle der VR einseitigen) *psychosozialen Arrangements* in die Psychotherapie eingebracht. Die Ursachen scheinen mir tief verwurzelt im chinesischen Bildungs- und Gesellschaftssystem zu liegen.

Ein weiteres interessantes und meines Erachtens in China sich manifestierendes Phänomen ist eine diachrone (= nacheinander beobachtbare) Dissoziation[177], ein sehr langsames Oszillieren/Schwingen zwischen zwei Seiten eines Konflikts. Während man den Kapitalismus zur Zeit der Kulturrevolution verachtete, so wird er heute bewundert und kultiviert. Einseitig wird dem Kapitalismus »gefrönt« und die spirituelle Seite und somit das Fühlen wird meines Erachtens wie eh und je vernachlässigt. Eine extreme diachrone Zeitorganisation von Konflikten führt dazu, dass sie nicht mehr als Konflikte beobachtet oder erlebt werden können. Diese »Konflikteliminierungsstrategie« scheint mir mehr Konflikthaftes zu produzieren als zu verringern. Der relativ starke Egoismus, den man (diesbezüglich) findet, ist ganz natürlich, wenn man daran denkt, dass in Asien und somit in China eher introvertierte Ich-Funktionen dominieren und sich somit dem Unbewussten und dem persönlichen Komplexmaterial nähern.

Einer der Schlüssel liegt für mich in den verschiedenen Formen und Dimensionen von Kommunikation. Vielleicht ist weniger die Frage interessant, welche (reduktionistische) Kausalursache der Kulturrevolution zugrunde liegt, sondern vielmehr die Frage, welchen Sinn sie hatte.

»Die Kulturrevolution hat uns wirklich entmenschlicht«[178], so eine Ärztin, die wäh-

---

176 Vgl. dazu Adam (2003), S. 360.
177 Begriff von Frankl, Viktor E.
178 Vgl. Retzer, A./Simon, F. B.: Systemische Therapie manisch-depressiver Psychosen. In: Schwarz, Frank/Maier, Christian (Hrsg.): Psychotherapie der Psychosen. Stuttgart: Thieme 2001. Besonders S. 209 und S. 232 f.

rend der Kulturrevolution ihren eigenen Vater tötete, um ihn vor weiteren Erniedrigungen zu schützen.

Eine Sache dürfen wir nie vergessen oder außer Acht lassen: Die Dynamik der chaotischen und grausamen Zeit der Kulturrevolution lässt sich auf Menschliches zurückführen.

3.4 Literatur

Adam, Klaus-Uwe: Therapeutisches Arbeiten mit dem Ich. Denken, Fühlen, Empfinden, Intuieren – die vier Ich-Funktionen. Düsseldorf, Zürich: Walter 2003.

Dittmer, Lowell: Introduction. In: Woei Lien Chong (Hrsg.): China's Great Proletarian Cultural Revolution, Master Narratives and Post-Mao Counternarratives. Lanham: Rowman & Littlefield 2002.

Duden: Das Fremdwörterbuch. Mannheim, Zürich: Dudenverlag 2011.

Falkai, Peter / Pajonk, Frank-Gerald (Hrsg.): Psychotische Störungen – Systematische Therapie mit modernen Neuroleptika. Stuttgart: Thieme 2003.

Frankl, Viktor E.: Das Leiden am sinnlosen Leben. Freiburg: Herder spektrum 2003.

Gänßbauer, Monika: Trauma der Vergangenheit – Die Rezeption der Kulturrevolution und der Schriftsteller Feng Jicai. Dortmund: Projekt Verlag 1996.

Herpertz, Sabine C.: Persönlichkeitsstörungen. In: Falkai, Peter / Pajonk, Frank-Gerald (Hrsg.): Psychotische Störungen – Systematische Therapie mit modernen Neuroleptika. Stuttgart: Thieme 2003. S. 79–92.

Mentzos, Stavros: Psychodynamik des Wahns. In: Schwarz, Frank / Maier, Christian (Hrsg.): Psychotherapie der Psychosen. Stuttgart: Thieme 2001. S. 17–27.

Meyer, Fritjof: China. Beginn der sexuellen Revolution. In: Spiegel Online, 24.10.2003. URL: http://www.spiegel.de/politik/ausland/0,1518,271063,00.html (Abrufdatum: 02.10.2015).

Neraal, Terje: Familiendynamik und psychoanalytische Familienpraxis bei Psychosen. In: Schwarz, Frank / Maier, Christian (Hrsg.): Psychotherapie der Psychosen. Stuttgart: Thieme 2001. S. 136–144.

Retzer, A./Simon, F. B.: Systemische Therapie manisch-depressiver Psychosen. In: Schwarz, Frank/Maier, Christian (Hrsg.): Psychotherapie der Psychosen. Stuttgart: Thieme 2001. S. 230–240.

Ruppert, Franz: Verwirrte Seelen. Der verborgene Sinn von Psychosen. Grundzüge einer systemischen Psychotraumatologie. München: Kösel 2002.

Schoenhals, Michael: China's Cultural Revolution, 1966–1969: Not a Dinner Party. Amonk, New York: M. E. Sharpe 1996.

Schwarz, Frank: Selbstpsychologie. In: Schwarz, Frank/Maier, Christian (Hrsg.): Psychotherapie der Psychosen. Stuttgart: Thieme 2001. S.10–16.

Sittinger, Ernst: Heißes Thema. In: Die Presse, 20.12.2003. URL: http://diepresse. com/home/panorama/welt/201239/Heisses-Thema (Abrufdatum: 02.10.2015).

Spence, Jonathan: Mao. München: Claasen 2003.

Woei Lien Chong: Philosophy in an Age of Crisis. In: Woei Lien Chong (Hrsg.): China's Great Proletarian Cultural Revolution, Master Narratives and Post-Mao Counternarratives. Lanham: Rowman & Littlefield 2002. S. 215–254.

Zhang Kangkang: Das Recht auf Liebe. Übers. v. Claudia Magiera. München: Simon & Magiera 1982.